F. DE FOSSA

Le Château de VINCENNES

Le Château
de Vincennes

PETITES MONOGRAPHIES
DES GRANDS ÉDIFICES DE LA FRANCE

Collection publiée sous le patronage
DE L'ADMINISTRATION DES BEAUX-ARTS
DE LA SOCIÉTÉ FRANÇAISE D'ARCHÉOLOGIE
ET DU TOURING-CLUB DE FRANCE

PARUS :

La Cathédrale de Chartres, par René MERLET.
Le Château de Coucy, par E. LEFÈVRE-PONTALIS.
L'Abbaye de Vézelay, par Charles PORÉE.
Le Château de Rambouillet, par H. LONGNON.
Saint-Pol-de-Léon, par L.-Th. LÉCUREUX.
Le Château de Vincennes, par le Capitaine F. DE FOSSA.
L'abbaye de Moissac, par A. ANGLÈS.
L'Hôtel des Invalides, par Louis DIMIER.

EN PRÉPARATION :

La Cathédrale de Reims, par L. DEMAISON.
La Cathédrale du Mans, par G. FLEURY.
La Cathédrale de Coutances, par E. LEFÈVRE-PONTALIS.
La Cathédrale de Lyon, par Lucien BÉGULE.
La Cathédrale d'Amiens, par Pierre DUBOIS.
La Cathédrale d'Auxerre, par Camille ENLART.
La Cathédrale d'Albi, par J. LARAN.

PLAN DU CHATEAU DE VI

ES D'APRÈS LE VAU

- Saint Louis.
- Charles V.
- Bâtiments démolis vers 1660 et contenant des vestiges de constructions remontant à Philippe VI.
- Louis XI.
- Louis XIII.
- Louis XIV.

A. Tour de Paris
B. Tour du Village.
C. Tour du Réservoir.
D. Tour du Diable.
E. Tour du Gouverneur.
F. Tour de la Surintendance.
G. Tour de la Reine.
H. Tour de la Porte du Bois.
I. Tour du Roi.
a. Donjon de Saint-Louis
b. Hôtel du gouverneur.
c. Sainte-Chapelle.
d. Châtelet.
e. Donjon.
f. Jeu de Paume.
k. Emplacement d'une chapelle et d'une salle d'assemblée détruites.
l. Pavillon du roi.
m. » de la reine.
n. n. n. Écuries.
o. Grand abreuvoir.
p. Bâtiments, avec vestiges de fortifications du xiv° siècle, détruits vers 1660.
r. Baies pratiquées vers 1660 dans le rempart de Charles V.
s. Portique rustique.
t. Petit arc de triomphe.
u. Grand arc de triomphe de Le Vau.

PLAN ACTUEL DU VIEUX FORT

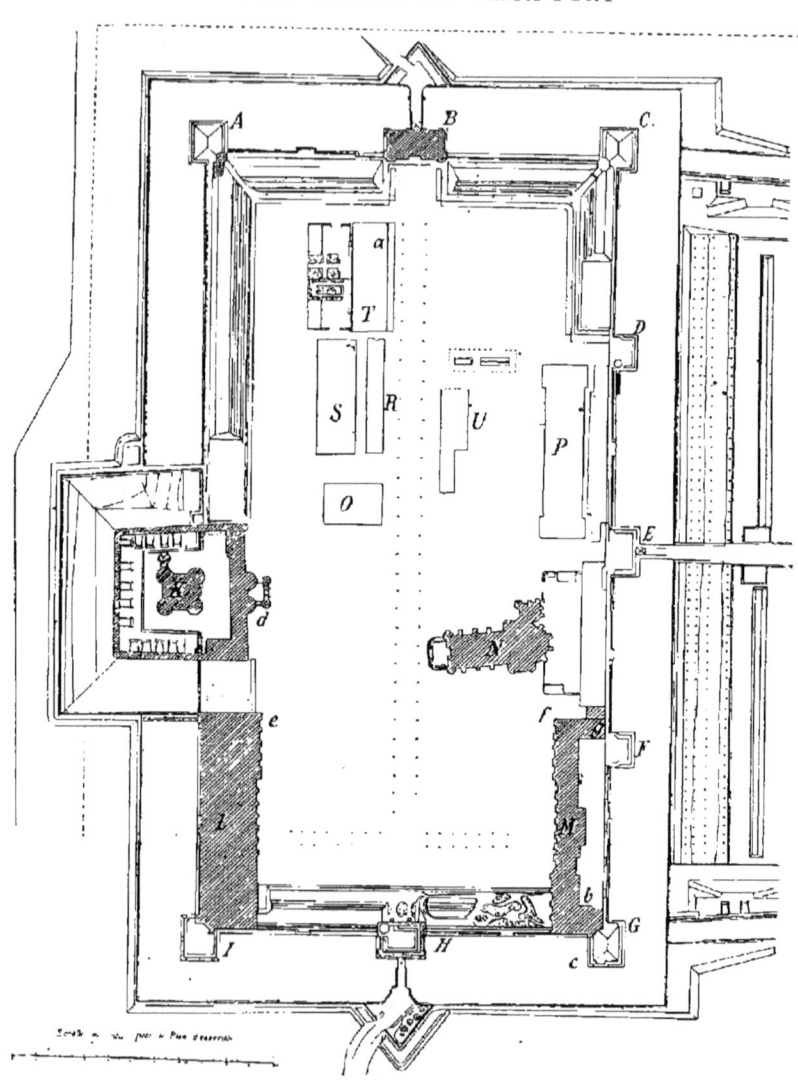

A, Tour de Paris.
B, Porte principale.
C, Tour du Réservoir.
D, Tour du Diable.
E, Porte de communication.
F, Tour de la Surintendance.
G, Tour de la Reine.
H, Porte du Bois.
I, Tour du Roi.
K, Donjon.

L, Pavillon de la Reine (caserne).
M, Pavillon de la Reine.
N, Sainte-Chapelle.
O, Magasin de la Direction.
P, Salle d'Armes.
R, Direction d'Artillerie.
S, Magasin de la Direction.
T, Infirmerie régimentaire.
U, Écuries.

a, Bureau de la Place.
b, Chefferie du génie.
c, Monument du duc d'Enghien.
d, Bureau de la Direction d'Artillerie.
e, École d'Administration.
f, École d'Artillerie.
g, Mess des officiers d'Artillerie.

Petites Monographies des Grands Édifices
✳ ✳ ✳ de la France ✳ ✳ ✳

Publiées sous la direction de M. E. LEFÈVRE-PONTALIS

Le Château de Vincennes

PAR

Le Capitaine F. de FOSSA

Ouvrage illustré de 35 gravures et 2 plans.

PARIS

HENRI LAURENS, ÉDITEUR

6, rue de Tournon, 6

Tous droits de traduction et de reproduction réservés
pour tous pays.

Photo Le Deley.

Le donjon et le pavillon du Roi
Vue actuelle prise au sud-ouest.

AVANT-PROPOS

Depuis le xiie siècle jusqu'à nos jours, il n'est pas de château, à part le Louvre, qui ait tenu une aussi grande place dans l'histoire de France que Vincennes. Un tel monument devrait attirer toute notre attention. Cependant, il est peu connu du public; j'ajouterai même, qu'il en est méconnu. Cela tient, d'une part, à ce qu'il a subi de telles modifications au cours des temps, qu'on se le représente mal dans sa splendeur primitive, ses morceaux d'architecture remarquables étant, en grande partie, noyés dans un enchevêtrement de bâtiments modernes inesthétiques; d'autre part, à ce qu'il a été transformé en fort, en casernes, en magasins. Cette utilisation, déjà décevante, implique l'idée d'autorisation de visite, qui fait reculer ceux qui ne savent pas que l'autorité militaire laisse très facilement pénétrer dans tous les locaux non occupés. Enfin, comme l'a dit fort spirituellement M. Lenotre : « cette merveille se trouve aux portes de Paris ; le dérangement n'est pas assez grand pour aller la voir ». Cette boutade est peut-être la meilleure explication qu'on puisse donner d'une pareille insouciance envers la vieille résidence royale.

Nombreux sont pourtant les auteurs qui ont cherché à nous intéresser à ce château si curieux par des études d'ensemble ou des travaux portant sur des points particuliers : du Cerceau, au XVIe siècle; Sauval, au XVIIe; Piganiol de la Force, l'abbé Lebeuf, Millin, Poncet de la Grave, au XVIIIe; Alboize et Maquet, de Beauchamp, Renan, Viollet-le-Duc, l'abbé de Laval, Jules de Varaville, au XIXe; et de nos jours, M. Ernest Lemarchand, pour ne citer que les principaux. Moi-même, dans un ouvrage récent, en deux

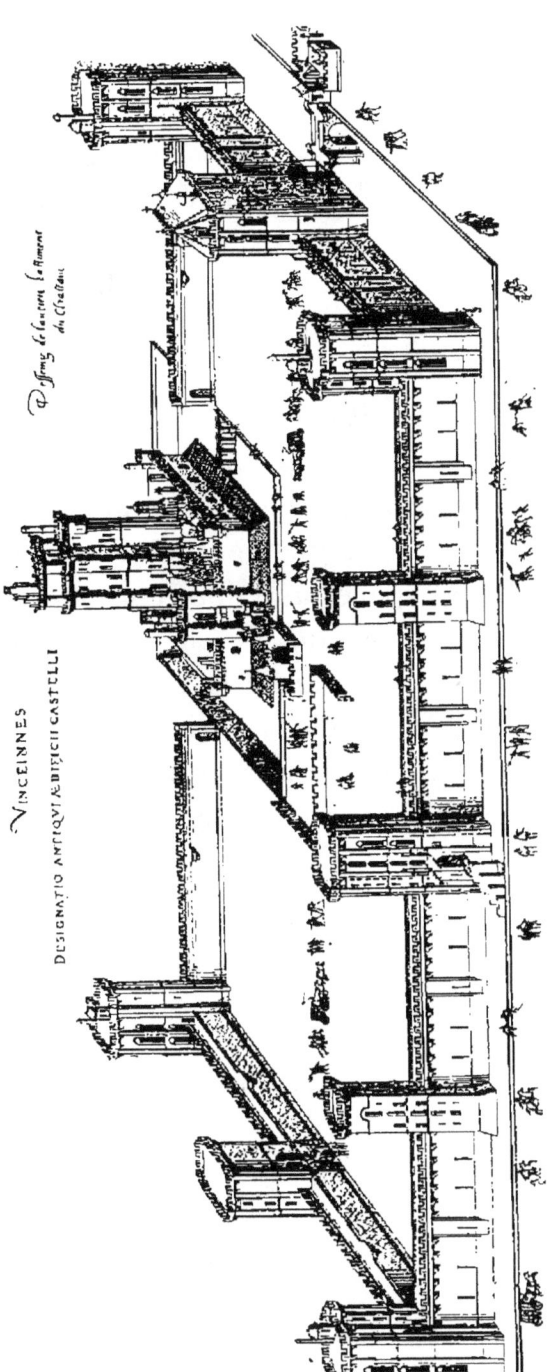

LE CHÂTEAU EN 1370.

Gravure extraite de « Androuet du Cerceau. Les plus excellents bâtiments de France ».

volumes[1], j'ai condensé la substance des travaux de mes devanciers, j'en ai contrôlé ou rectifié les données, et j'ai essayé d'en combler les lacunes par une documentation nouvelle et inédite. Mais ce long travail achevé, il m'a paru qu'il ne pouvait tenir lieu d'une notice conçue toute différemment, plus maniable, et plus simple, où serait écartée toute critique de documents pour ne retenir que les renseignements essentiels. Un guide de cette espèce, à la fois éprouvé et succinct, devrait avoir plus de chance qu'un ouvrage d'érudition d'enhardir la curiosité de l'oisif et du voyageur, de leur faire aimer Vincennes, et de les disposer à approfondir plus tard son histoire. Tel est le but de cette monographie.

[1] *Le château historique de Vincennes*, 2 vol. petit in-quarto chez Daragon, Paris.

Entrée du château du côté du polygone
(A droite tour dans laquelle a été jugé le duc d'Enghien).

I

HISTOIRE SOMMAIRE

A l'époque celtique, une vaste forêt couvrait tout le plateau compris entre les hauteurs dites actuellement de Montreuil, la Marne, la Seine, et les marais situés au Nord de Lutèce. Les Romains, après la conquête du pays, auraient remplacé le culte du dieu gaulois Teutatès par celui de Sylvain. Qu'il y ait eu dans les parages de Vincennes un temple consacré à cette divinité, c'est probable, car une inscription trouvée au xviiie siècle dans les décombres d'une tour de l'abbaye de Saint-Maur-des-Fossés nous apprend qu'un monument, ainsi qualifié, fut restauré sous Marc-Aurèle. Mais l'indication de son existence ne nous renseigne pas sur son emplacement.

Le premier document nous permettant de sortir du domaine de l'hypothèse est un titre de l'abbaye de Saint-Maur-des-Fossés daté de 847, qui fait mention de la forêt de Vilcena, appartenant à la paroisse de Fontenay. En 980, 1037 et 1075 des chartes nous révèlent que cette forêt est devenue la propriété de la Couronne. Dans une bulle d'Eugène III de 1147, elle est appelée Vulcenia. Ces anciens noms de Vilcena, Vilcenna, ou Vulcenia, se transformeront en Vicenne et Vincennes.

On n'entend parler pour la première fois de constructions qu'en 1162 : Louis VII (1113-1189) avait dans la forêt un rendez-vous de chasse, un *hospitium*. Philippe Auguste (1180-1223) agrandit cette première habitation qui devient un manoir au milieu d'un parc, le roi ayant fait enclore le bois d'une haute muraille, afin, nous dit Rigord, d'y conserver les daims, cerfs et autres animaux semblables qu'Henri II d'Angleterre lui avait envoyés comme cadeau.

Saint Louis (1226-1270) affectionne le séjour « du Bois ». Le souvenir de la justice qu'il rendait sous les grands chênes est populaire : « maintes fois il advint qu'en été le bon roi allait s'asseoir au bois après sa messe, et s'accostait à un chêne, et nous faisait asseoir autour de lui, dit Joinville.

Et tous ceux, qui avaient affaire, venaient lui parler sans empêchement d'huissiers ou d'autres gens. Et alors il leur demandait de sa propre bouche : « Y a-t-il quelqu'un qui ait sa partie ? » et ceux qui avaient leur partie se levaient. Et alors il disait : « Taisez-vous et l'on vous expédiera l'un après l'autre. »

Le pieux monarque fait construire une chapelle dédiée à Saint-Martin pour recevoir une épine de la sainte Couronne, que lui avait vendue Baudouin II de Courtenay (1248). Il réside souvent dans le manoir avec toute sa Cour ; il y assemble le Parlement en 1252 et 1253 ; il y passe une partie de l'année 1255, et c'est de là qu'il part en 1270 pour sa funeste expédition de Tunis où il trouve la mort.

Philippe III (1270-1285) a la même prédilection que son père pour le « Bois », dont la solitude cadre avec son caractère mélancolique. Il épouse dans la chapelle Saint-Martin, Marie, sœur du duc Jean de Brabant (1274), et y reçoit le même jour l'hommage d'Édouard Ier, roi d'Angleterre. Un peu plus d'un an après, un drame, dont les origines sont assez obscures, jette pour la première fois une ombre de tristesse sur la résidence de plaisance : Louis, fils aîné du roi, issu d'un premier mariage de celui-ci avec Isabelle d'Aragon, meurt subitement. La rumeur publique accuse la jeune reine d'avoir empoisonné l'héritier présomptif. On prétend même que cette marâtre a formé le projet de se défaire des trois autres enfants du premier lit, afin de réserver l'accès au trône à sa propre lignée.

Elle se défend, et elle accuse Pierre de la Brosse, ancien barbier de saint Louis devenu grand chambellan de Philippe III et l'homme le plus important de la Cour, d'avoir propagé ces calomnies. Elle en appelle au jugement de Dieu. Son frère, le duc de Brabant, se porte garant de son honneur, et comme aucun chevalier n'ose relever son défi, le favori est déclaré coupable et pendu.

A la suite de ce scandale, le manoir retrouve son calme. Le roi en augmente considérablement le parc (1274-1275).

Philippe IV, le Bel (1285-1314) conserve les mêmes goûts que ses prédécesseurs pour Vincennes, où sa présence est constatée en 1285, 86, 89, 90 et 95. Il y épouse, le 2 mars 1294, Jeanne de Bourgogne, fille aînée d'Othon IV, comte Palatin, et de Mahaut, comte d'Artois. A cette époque le château avait pris de l'importance : dans une sentence de l'évêque de Paris, Simon, il est en effet question d'une nouvelle dépendance, la basse-cour de la Pissotte.

Le 2 août 1304, Jehanne, reine de France et de Navarre, comtesse de Champagne et de Brie, meurt à Vincennes. Son corps est inhumé au Cordeliers à Paris. Le Parlement se réunit au manoir en 1305 et 1314.

Sous Louis X le Hutin (1314-1316), un nouveau drame se passe « au Bois ». Enguerrand de Marigny, surintendant des finances de Philippe le Bel, ce roi connu dans l'histoire sous le nom de faux monnayeur, se croyant encore nécessaire et tout-puissant sous son successeur, ose s'attaquer en plein conseil à Charles de Valois, qui se pose en chef des barons de France. Pour se venger l'oncle du roi réclame les comptes du règne précédent, et n'ayant pu convaincre le ministre de malversation, l'accuse de maléfices et de magie. Enguerrand est condamné sur ce chef et pendu. Quelques années plus tard, dans ce même château où avait été prononcé l'arrêt abominable, ce même Charles de Valois, atteint d'une maladie de langueur et frissonnant au souvenir du jugement inique qu'il avait provoqué, demande et obtient la revision du procès de son ancien ennemi.

Le 2 juin 1316, Louis X, qui, en secondes noces, avait épousé Clémence de Hongrie, se sentant gravement malade, fait à Vincennes son testament. Il confirme à la reine le douaire de 25.000 livres de rente qu'il lui avait spécifié par contrat de mariage, et y ajoute « la jouissance de sa maison de Vincennes ». Il meurt au château deux jours après. Son corps, d'abord exposé dans la chapelle Saint-Martin, est porté à Saint-Denis. Peu après, la reine met au monde à Vincennes un fils, Jean I, qui ne vit que quelques mois.

Philippe V, son successeur, reprend le château à Clémence, en lui donnant en échange la tour du Temple et la maison de Nesles (1317). Il meurt à Vincennes le 2 janvier 1322.

Son frère, Charles IV, dit le Bel, proclamé roi dans le manoir, révoque au commencement de son règne toutes les aliénations antérieures du domaine royal. Il rétablit ainsi le bois de Vincennes dans son intégrité. Il meurt au château le 31 janvier 1328, laissant la reine avec des espérances; le 1er avril suivant, cette princesse y donne le jour à une fille appelée Blanche, et Philippe de Valois, est proclamé roi en vertu de la loi salique.

Philippe VI (1328-1350) conserve la même prédilection que ses devanciers pour la résidence du « Bois ». Aimant le faste, il y convie la noblesse de toute l'Europe, en sorte que « ce séjour est réputé le plus chevaleresque du monde ». On doit signaler sous son règne, les grandes fêtes célébrées à l'occasion du mariage de Béatrice de Bourbon avec Jean de Luxembourg dans la chapelle Saint-Martin (1334); et, comme événements marquants, la réunion de trois grandes assemblées du clergé (1329-1332); celle, en 1336, du Parlement dans laquelle Robert d'Artois est déclaré traître et félon, — cet arrêt fut une des principales causes de la guerre dite de Cent ans. Enfin la visite, en 1343, de Humbert II, au cours de laquelle le dauphin du Viennois fait donation de tous ses Etats à Philippe d'Orléans, fils puîné du roi. On sait que Charles V porta, le premier, le titre de Dauphin. Les dauphins, qu'on voit actuellement sculptés sur la porte du Châtelet, sur celle de l'escalier accolé à ce bâtiment, et sur diverses clés de voûte du donjon, rappellent ce souvenir.

Philippe VI fait commencer les fondations du donjon. Les travaux abandonnés sont repris par Jean II (1361-1364), et achevés par Charles V (1364-

1373)¹. Ce roi fait sa résidence favorite de Vin-

ÉLÉVATION DU DONJON
Vue prise au sud-est.

cennes. Il y met une partie de ses richesses artis-

¹ Voir page 42.

tiques et de son trésor, qu'il partage entre le Louvre, Melun et Saint-Germain [1]. Il y donne en 1378 de grandes fêtes en l'honneur de l'empereur Charles IV d'Allemagne. Mais cette réception cause de grandes fatigues à la reine Jeanne de Bourbon qui met au monde avant terme, dans le donjon, une fille, Catherine (4 février 1378); elle meurt deux jours après. Le souverain, qui l'appelait « le soleil de son royaume », est très affecté par cette perte. Il continue cependant à s'occuper de toutes les questions politiques avec la même activité et il fait reconnaître le pape Clément VII au lieu d'Urbain VI dans une assemblée notable tenue au château. Il s'éteint à Beauté, près de Nogent-sur-Marne (6 septembre 1380), ne laissant qu'un fils mineur. Ses frères, le duc d'Anjou, le duc de Berry et le duc de Bourgogne se disputent la régence, et dilapident les trésors amassés dans le château. Pendant cette période, la Cour paraît souvent à Vincennes. En 1400, les travaux de la Sainte-Chapelle sont continués et bientôt abandonnés. Charles VI est fou ; il ne poursuit aucune idée. Cependant, en 1417, il sort de sa torpeur. Il cherche à mettre un terme aux scandales causés par la conduite d'Isabeau de Bavière : sur son ordre, le sire de Bois-Bourdon est arrêté dans le parc et jeté dans la Seine, cousu dans un sac. Ce réveil d'autorité est de courte

---

[1] C'est par douze douzaines que l'on comptait les assiettes d'or enrichies de pierreries du grand ménage de Charles V. Les collections d'objets d'art du même métal, de bijoux, de camées, d'étoffes précieuses enfermées dans le donjon à cette époque, nous sont connues par un inventaire de 1379 ; elles avaient une valeur considérable.

durée. Le malheureux prince retombe sous la tutelle

Photo Giraudon.

Le donjon vers 1450
Reproduction d'une miniature de Jean Foucquet.
Livre d'heures d'Etienne Chevalier.

de son entourage, qui l'endort dans des fêtes continuelles à Vincennes pendant que la guerre désole le royaume. En 1420, un inventaire de Guillaume Lamy nous montre que tous les appartements sont vides : ils semblent même avoir subi les horreurs d'un sac. C'est que le traité de Troyes, qui a reconnu à Henri V le titre de roi de France, a donné le château au souverain anglais. Celui-ci le remeuble pour l'habiter et y meurt (1422).

Henri VI d'Angleterre vient plusieurs fois à Vincennes pendant sa minorité. Si le château lui est momentanément repris par le commandeur de Giresmes et Denis de Chailli (1429), il y rentre en 1430, et il en part le 15 décembre pour se faire sacrer à Notre-Dame de Paris.

Deux ans plus tard Jacques de Chabannes « eschielle le donjon », pour le compte de Charles VII et s'en empare malgré la résistance désespérée de la garnison. Après une dernière tentative infructueuse des Anglais, la place reste aux Français, et, en 1445, le comte de Tancarville en est gouverneur. Les habitants de Montreuil lui demandent de ne plus faire le guet, « les ennemis étant éloignés de plus de 16 lieues ». Vincennes redevient une maison de plaisance : le roi se plaît à y retrouver Agnès Sorel. Celle-ci y a un fils, mais elle habitait ordinairement le château de Beauté, où elle meurt en 1450.

Il faut noter, en 1461, une visite d'ambassadeurs florentins : le château cause leur admiration, surtout « la chambre du Roi, dont tous les ornements sont rehaussés d'or et les murs couverts de boiseries ». Ils vantent ses fortifications, « ses neuf hautes tours ». C'est d'ailleurs à Vincennes que

Louis XI trouve un abri en 1465, pour résister aux attaques des ducs de Berry et de Bretagne, qui, réunis au comte de Charolais, se sont avancés jusqu'à Charenton. L'armée royale et celle des seigneurs restent onze mois en présence.

Le roi ne revient plus à Vincennes. Il nomme Olivier le Daim, concierge du château, et le charge d'y recevoir les ambassadeurs d'Aragon (1474).

Charles VIII se contente de chasser dans le parc, notamment en 1484. Sa femme, Anne de Bretagne, réside au château pendant l'année 1495; elle possédait en propre un jardin à proximité.

Louis XII, dans les débuts de son règne (1498), visite à plusieurs reprises la forteresse. Puis il en reste dix ans éloigné. En 1508, gravement malade, il pense que la salubrité du « Bois » lui rendra la santé : il y passe plusieurs mois. Il y revient une dernière fois en juin et juillet 1514, à la suite des fêtes du mariage de François, comte d'Angoulême, avec Claude de France (18 mai).

François Ier prescrit d'exécuter un certain nombre de travaux à Vincennes : entre autres, l'achèvement de la Sainte-Chapelle, l'agrandissement du pavillon Louis XI. En 1540, il y est installé avec toute la Cour, et y reçoit les ambassadeurs du Grand Turc. On l'y retrouve en 1547 : il crée, à ce voyage, la paroisse de la Pissotte[1].

Sous Henri II (1547-1549), le bois est entièrement coupé, puis replanté, (1551), la Sainte-Cha-

---

[1] La ville de Vincennes s'est appelée bourg de la Pissotte jusqu'à la Révolution.

pelle inaugurée (1552), la translation à Vincennes du chapitre de l'ordre de Saint-Michel effectuée, (1555). En 1556, le roi reçoit les plénipotentiaires de Philippe II, envoyés pour traiter de la paix,

François II (1559-1560) ne paraît pas à Vincennes, contrairement à son frère Charles IX (1560-1574). qui affectionne cette résidence. Celui-ci y signe les préliminaires de la paix de Longjumeau (1568). Six ans après, la poitrine malade, il vient s'enfermer dans le donjon, dans l'espoir qu'en fuyant le Louvre où tout lui rappelle les sinistres journées de la Saint-Barthélemy, il échappera aux remords, et retrouvera le calme. Il y meurt dans les bras d'une vieille nourrice huguenote, tandis que le roi de Navarre et Condé, arrêtés par ordre de Catherine de Médicis qui a pris le pouvoir, sont emprisonnés aux étages supérieurs de la Tour.

Henri III (1574-1589), fait de Vincennes son lieu de retraite favori. Il s'y enferme lorsqu'il veut se reposer des soucis de la politique. Il en ouvre cependant les grands appartements à l'occasion du mariage de Louis de Nogaret de la Valette, duc d'Epernon, avec Marguerite de Foix (23 août 1587). De grandes fêtes sont célébrées à ce moment. Puis, le bruit des armes trouble le calme revenu dans le logis royal : les ligueurs s'en emparent. En vain le capitaine Saint-Martin y rentre-t-il : il y est bloqué pendant quinze mois par les Parisiens. Obligé de se rendre à Beaulieu, celui-ci, nommé gouverneur par la Ligue, s'y maintient jusqu'au 28 mai 1594, époque à laquelle il se soumet à Henri IV.

Ce roi entre solennellement à Vincennes. Pendant son règne, il vient souvent au château, mais sans y séjourner. Gabrielle d'Estrée met au monde dans le pavillon Louis XI un fils, César de Vendôme (1595). L'année suivante, dans ce même logis, le cardinal Alexandre de Médicis, en qualité de légat, apporte au souverain l'absolution du pape.

Louis XIII passe la plus grande partie de sa jeunesse à Vincennes, dans un pavillon dont la première pierre avait été posée en 1610, mais qui ne fut terminé qu'en 1617. Sous son règne, le donjon, qui avait commencé à recevoir des prisonniers sous Louis XI, devient véritablement prison d'État. On peut citer parmi les prisonniers les plus marquants de cette époque :

Henri II, prince de Condé, arrêté le 16 septembre 1616. La princesse, sa femme est autorisée à partager sa captivité. Le prince n'est rendu à la liberté que le 20 novembre 1619.

Le maréchal d'Ornano (1626), décédé dans sa prison ;

Marie de Gonzague, fille du duc de Nevers, qui avait voulu épouser Gaston d'Orléans ;

Le duc de Puylaurens (1635), mort au donjon ;

L'abbé de Saint-Cyran (1638-1643), un des fondateurs de Port-Royal ;

Jean de Wert (1638) ;

Les généraux espagnols Lamboy, Mercy et Landron.

Pendant toute la première partie de la régence d'Anne d'Autriche, l'histoire du château n'est encore intéressante que par des détentions de prisonniers illustres. François de Vendôme, duc de Beaufort, plus connu sous le nom de roi des Halles, est mis au donjon en 1643. Son évasion, grâce à la connivence d'un garde, nommé Vaugrimaud, est restée célèbre (1649). Le gouverneur du château, Chavigny, accusé d'avoir manqué de vigilance, est emprisonné à sa place. Puis, les portes de la vieille tour se referment successivement sur le président Charton et sur trois des principaux frondeurs : le Grand Condé, le prince de Conti, et le duc de Longueville. On sait que parmi ces derniers, seul, le prince de Condé conserva tout son sang-froid. « Il chantait, jurait et priait Dieu ; jouait tantôt du violon, tantôt du volant. » Son frère et son beau-frère étaient fort abattus : le prince de Conti, surtout, se croyait perdu ; il avait réclamé une *Imitation de Jésus-Christ*. En apprenant la chose, Condé s'emporta : « Ce qu'il me faut, à moi, dit-il, c'est une Imitation de M. de Beaufort. » Cependant il s'ennuyait, et, ne sachant comment dépenser son activité, il se prit de passion pour le jardinage. On connaît les vers que le souvenir de cette occupation inspira à Mme de Scudéry :

> En voyant ces œillets qu'un illustre guerrier
> Arrosa de sa main qui gagnait des batailles,
> Souviens-toi qu'Apollon a bâti des murailles,
> Et ne t'étonne plus de voir Mars jardinier.

Le prince riait, d'ailleurs, de son talent nouveau. « Aurais-tu jamais cru, dit-il un jour à son chirurgien, que ma femme ferait la guerre pendant que j'arroserais des plantes ». La duchesse avait en effet soulevé la Guyenne. Ce soulèvement ayant causé une grande émotion dans la capitale, on jugea prudent de transférer les prisonniers au Havre (1650).

Le cardinal de Retz leur succède (19 décembre 1652). Il est mis au deuxième étage du donjon, « dans une chambre grande comme une église » écrit-il dans ses *Mémoires*. Lui aussi, essaye de tout pour combattre l'ennui : il forme des projets d'évasion, élève des pigeons dans une tour, compose des livres : *Consolation de Théologie*, *Partus Vincennarum*, etc. En 1654, il est transféré à Nantes d'où il s'échappe le 8 août.

L'année 1652 est marquée par un événement minime en apparence, mais ayant une très grande importance pour notre histoire : Léon de Bouthillier, marquis de Chavigny, gouverneur de Vincennes, meurt (11 octobre). Colbert, intendant de Mazarin, pousse aussitôt son maître à prendre sa place, « ne serait-ce que pour avoir un lieu où mettre à l'abri ses riches collections en cas d'émeute. » Le cardinal obtient cette succession. Il ne songe, dès lors, qu'à embellir sa résidence. Il charge l'architecte Le Vau de transformer la forteresse féodale en château moderne. Les remparts de Raymond du Temple sont changés en « galeries rustiques » sur le front sud ; des arcs de triomphe s'élèvent, et servent de portes à une cour d'honneur entre deux gros pavillons que le ministre réserve l'un au roi, l'autre à la reine-mère et à lui.

Philippe de Champaigne, Michel Dorigny, Baptiste, le Borzone, le Manchole, sont appelés pour décorer les nouveaux appartements. L'habitation royale doit être aussi somptueuse que possible : il faut que le roi s'y plaise, et, pour charmer ses yeux, la Marne, détournée à Chelles, doit former des canaux dans le parc.

Cependant, ces travaux avancent lentement. Les grands corps de logis, désignés aujourd'hui sous les noms de Pavillon du Roi et Pavillon de la Reine (on devrait dire Pavillon de la Reine-mère), sont à peine logeables quand Louis XIV épouse Marie-Thérèse. On y travaille jour et nuit pour permettre au jeune souverain d'y amener la reine à son retour des Pyrénées. La période des fêtes commence : dans ce milieu de jeunesse, dans ce printemps de gloire, tout est prétexte à divertissements. Pourtant, dans le Pavillon de la Reine, le cardinal Mazarin agonise. Mais il met une coquetterie, qui n'est pas dépourvue de grandeur, à cacher ses douleurs et ses appréhensions. Il ne veut se montrer que « la barbe faite, étant propre et de bonne mine, avec une simarre de couleur feu, et sa calotte sur sa tête ». C'est dans son fauteuil qu'il attend la mort, prenant congé de chacun, distribuant des diamants au Roi, à la Reine, à la Reine-mère, à Monsieur, n'oubliant aucun de ses amis, aucun de ses serviteurs, signant jusqu'au dernier moment les dépêches de l'État, et ne tremblant que lorsqu'il reste seul en face de ses souffrances « qui le font hurler » dit Mme de Motteville. Il s'éteint le 9 mars 1661 entre deux heures et trois heures du matin. Le Roi,

État actuel de la salle des gardes de la Reine-mère. Pavillon de la Reine.
Photo des Monuments Historiques.

aussitôt prévenu, se lève sous le coup d'une profonde émotion ; il pleure un instant, puis, se ressaisissant, appelle auprès de lui ses ministres : le chancelier Le Tellier, Foucquet, de Lionne. Il leur signifie qu'ils n'auront plus d'autre maître que lui. C'est son premier acte d'autorité.

Le 11 mars, la dépouille mortelle du cardinal est portée dans la Sainte-Chapelle « où un service est célébré sans grandes cérémonies ». — Au mois d'août suivant, la Cour part pour Fontainebleau. L'idylle du jeune roi et de Louise de La Vallière commence aussitôt. Elle a son épilogue à Vincennes. C'est dans le Pavillon du Roi que Marie-Thérèse apprend l'infidélité de son royal époux (1663); que le souverain avoue publiquement sa passion (juillet 1663); et que, reconnaissant ses torts avec une aisance toute princière, il promet à la reine qu'à trente ans, il cesserait de faire le galant. Il ne réclamait que quatre années d'indulgence !

Le 17 octobre 1666, Louise met au monde l'enfant, qui portera le nom de Mlle de Blois, dans une des chambres des grands appartements de ce même pavillon, celle dans laquelle sera enfermé plus tard le duc d'Enghien. Après son rétablissement, elle quitte Vincennes pour ne plus y revenir; son étoile a pâli, celle de la marquise de Montespan se lève.

La fin des amours du Roi avec Mlle de La Vallière marque également celle de la résidence royale. La Cour revient encore pendant l'année 1667 à Vincennes, mais se fixe décidément à Versailles à partir de 1668. Les grands appartements sont démeublés.

Un demi-siècle s'écoule ainsi : le grand Roi,

sur le point de mourir, se rappelle le château dans lequel s'étaient déroulées les plus belles années de sa jeunesse. Il mande auprès de lui le duc d'Orléans, lui parle du Bois dont « l'air est si bon » et lui ordonne d'y conduire le jeune Roi, son successeur, « aussitôt que toutes les cérémonies relatives à ses obsèques seront finies à Versailles. » Huit jours après il meurt. Louis XV et toute la Cour prennent effectivement le chemin de Vincennes (8 septembre 1715), mais ils n'y restent que soixante-douze jours. Ni le Régent, ni le duc de Saint-Simon, n'ont pu se faire à l'idée d'un tel changement dans leurs habitudes !

Les grands appartements sont de nouveau fermés. Ils s'ouvrent une dernière fois pour la reine douairière d'Espagne, veuve de Louis Ier, qui y habite de 1725 à 1727. Puis, complètement abandonnés, ils sont concédés à différents particuliers en même temps, d'ailleurs, que d'autres locaux du château. C'est ainsi qu'en 1738 les deux frères Giles et Robert Dubois, s'étant enfuis de Chantilly en emportant les secrets de sa manufacture de porcelaine, obtiennent du gouverneur l'autorisation de monter un atelier dans la tour du Diable, avec l'appui financier d'Orry de Fulvy, conseiller d'Etat. Leur tentative, ayant échoué, est reprise par Charles Adam (1745), qui constitue une société, et s'installe dans les anciennes cuisines du Pavillon de la Reine, et dans le manège. Charles Adam cède ses droits, en 1752, à Éloy Brichard. Le Roi, sur les conseils de la marquise de Pompadour, entre dans l'affaire, dont les produits reçoivent le nom de porcelaines de France. A partir de ce moment, les commandes affluent. Les ateliers, devenus trop exigus, sont transférés à Sèvres (1755). Telles sont les origines de la manufacture nationale de Sèvres.

Les locaux abandonnés par Eloy Brichard sont concédés aux frères Hannong, pour y fabriquer des faïences (1766-1788).

En 1753, le Pavillon du Roi est aménagé par Gabriel pour l'École des Cadets, en attendant l'achèvement de l'Hôtel du Champ-de-Mars, construit spécialement pour eux.

Avec de telles utilisations, les bâtiments négligés tombent en ruine. L'intendant Collet finit par demander 300.000 livres pour les remettre en état (1777). Le Roi refuse, estimant que le château « n'est bon qu'à démolir ou à utiliser pour des services publics ». C'est dans cet esprit d'économie qu'il aliène l'Esplanade et la Basse-Cour (1781), qu'il supprime par extinction les chanoines de la Sainte-Chapelle (1784), enfin qu'il ferme la prison d'État, dont les derniers prisonniers sont transférés à la Bastille.

Depuis les Princes de Condé, les hôtes les plus illustres de la Grosse-Tour avaient été : Foucquet (1662) ; la Voisin avec un certain nombre de ses complices, dont l'abbé Guibourg (1679) ; Mme Guyon (1695) ; un grand nombre de Jansénistes, dont le père Gerberon (1707) ; Crébillon fils (1734) ; Diderot (1749) ; le marquis de Mirabeau (1761) ; Le Prévot de Beaumont (1769) ; le marquis de Sade (1777) ; et enfin Mirabeau (1777-1780).

Gabriel Honoré, comte de Mirabeau, avait été enfermé en vertu d'une lettre de cachet ; il avait été ainsi soustrait à la juridiction du Parlement de Grasse qui le poursuivait pour coups et blessures envers le marquis de Villeneuve-Mouans, et à celle du Parlement de Pontarlier, qui l'avait condamné à mort pour crimes de rapt et de séduction à l'égard de Sophie de Monnier. Il déploya dans sa prison une activité cérébrale prodigieuse, écrivant ses fameuses *Lettres à Sophie*, des tragédies, des livres licencieux, enfin, un ouvrage sur les *Lettres de Cachet*. La publication de ce dernier écrit eut un retentissement considérable : ce fut, en dehors de la raison d'économie dont nous avons parlé plus haut, la cause déterminante de la suppression de la prison d'Etat.

Le donjon inutilisé est alors occupé par une boulangerie philanthropique, puis par une manufacture de plaquettes de fusil, sous la direction de Gribeauval.

Lorsque la révolution survient, l'ancienne résidence royale est dans un tel état de délabrement que l'Assemblée Nationale en prescrit la vente, à charge par l'acquéreur de tout démolir. L'adjudication échoue heureusement. Afin de tirer quelques revenus du domaine, le parc est loué à l'abbé Nodin, comme jardin botanique. Les chanoines survivants, et les particuliers logeant dans les grands appartements divisés en petits logements, sont astreints à payer un loyer. La Sainte-Chapelle est transformée en salle d'assemblée primaire ; le donjon, est mis à la disposition de la commune de Paris pour servir d'annexe aux prisons de la ville reconnues insuffisantes.

Les clubs révolutionnaires s'émeuvent des travaux effectués en vue de cette utilisation, et, le 28 février 1791, les habitants du faubourg Saint-Antoine se portent sur Vincennes. Ils pénètrent dans le château, et commencent à détruire le donjon qui n'est sauvé que grâce à l'intervention du général La Fayette.

Après cette échauffourée, les réparations sont interrompues ; le château est livré au Département de la Guerre, le donjon transformé en poudrière, le Pavillon du Roi en prison de femmes de mauvaise vie.

En 1804, la place est commandée par un chef de bataillon, nommé Harel. Il occupe un logement aménagé dans le massif de l'arc-de-triomphe de Le Vau (tour du Bois). Le 20 mars, vers 5 heures du soir, une chaise de poste escortée de gendarmes et paraissant venir de loin, à en juger par la boue dont elle est couverte, s'arrête devant la porte de ce bâtiment. Un jeune homme, tenant un petit chien dans les bras, en descend. Il est reçu par le gouverneur, qui a été prévenu de son arrivée. Réal, le chef de la police consulaire, l'a annoncé sous le nom de Plessis. Sa présence à Vincennes doit être ignorée de tous. Sa détention, d'ailleurs, sera courte. On le croit un complice de Georges Cadoudal. Il sera jugé dans la nuit, et sa condamnation est certaine, Bonaparte voulant un exemple. Sa fosse est déjà creusée au fond du fossé, près d'un petit mur qui cache un dépôt d'ordures. Sa chambre seule n'est pas encore prête, les mesures prises à son égard ayant été trop hâtives.

Le malheureux ignore sans doute l'horreur de sa situation, car son regard est calme, assuré. A peine remarque-t-on sur ses traits l'empreinte d'une évidente fatigue, tant la noblesse de son visage, de son attitude, en impose. Le vieux jacobin Harel est embarrassé en face de son prisonnier qu'il ne sait où conduire. Il l'invite presque respectueusement à monter se chauffer chez lui, offre qui est acceptée avec reconnaissance, et il le guide avec le lieutenant de gendarmerie Noirot vers l'unique chambre à feu qu'il possède au premier étage de son logement. C'est une grande salle délabrée, prenant jour sur le parc. Au fond, s'ouvre une alcôve grillée, devant laquelle un paravent est déplié pour cacher Mme Harel alitée, souffrante. Les trois hommes causent : la voix de Plessis douce et posée frappe la malade. Elle ne se trompe pas, ce prisonnier, ce Plessis, c'est son frère de lait, Henri de Bourbon, duc d'Enghien, petit-fils du prince de Condé arrêté le 15 mars à Ettenheim, en territoire badois et arrivant directement de Strasbourg.

Reconnu, il reste dans la chambre de Harel jusque vers les six heures du soir. Il est alors conduit dans la pièce qu'on lui avait meublée à la hâte. Il y soupe et se couche. Réveillé à 9 heures, pour subir un interrogatoire du capitaine Dautancourt, il passe à 11 heures devant un conseil de guerre présidé par le général Hulin. Pas de défenseur, quelques questions auxquelles il répond d'une voix assurée, reconnaissant qu'il a porté les armes en soldat, qu'il est à la solde de l'Angleterre parce qu'il n'a pas d'autre moyen d'existence, mais niant toute participation à un complot parce qu'indigne de lui. Puis, la sentence prononcée hors de sa présence : la mort à l'unanimité sans que le président du conseil sache quel article du code citer parce qu'il n'a pas de code ; le recours en grâce refusé, Savary s'opposant à tout retard ; seize gendarmes, l'arme chargée, attendant depuis minuit au pied du pavillon de la Reine. Harel va chercher le condamné et lui enjoint de le suivre sans autre explication. Ce n'est qu'en arrivant à la porte de la tour du Diable, que l'infortuné comprend. Cent mètres à marcher dans l'obscurité, le long des remparts humides de pluie, et il se trouve en face du peloton d'exécution. Un adjudant lui lit le jugement en s'éclairant d'une lanterne. Pas de prêtre ; le duc s'agenouille, récite une courte prière, remet une mèche de ses cheveux à Noirot, pour la princesse de Rohan vers laquelle se reportent ses plus chères pensées. Puis on lui attache la lanterne sur la poitrine. Savary, du haut du fossé, s'impatiente de toutes ces longueurs. Il fait signe à l'adjudant qui baisse son épée. Une sourde détonation retentit. Le dernier des Condé tombe pour ne plus se relever.

AU XIXᵉ SIÈCLE

Le cadavre est jeté tout habillé dans la fosse. Une légère surélévation des terres, due au foisonnement, révèle pendant quelque temps la place de la sépulture. Puis, le temps nivelle le sol. En 1816,

Le fossé sud du château et le tombeau du duc d'Enghien en 1819.
(D'après un dessin lithographié de F. A. Pernot).

on fit des fouilles méthodiques pour retrouver le corps. Les restes exhumés, mis dans un cercueil, reposent actuellement dans l'oratoire Nord de la Sainte-Chapelle. Une colonne marque, dans le fond du fossé, le lieu de l'exécution.

Quatre ans après ce drame, Napoléon prescrit de transformer le vieux château en arsenal; d'importantes mais hâtives réparations sont faites ; la Sainte-Chapelle est transformée en salle d'armes. Le donjon redevient prison d'Etat (1808-1814). Les principaux prisonniers de cette période sont : les deux Polignac, le marquis de Puivert ; des diplomates et généraux étrangers, dont Palafox ; le baron de Kolli ; le célèbre financier Ouvrard, enfin un certain nombre d'ecclésiastiques ayant pris parti pour Pie VII, parmi lesquels les cardinaux di Pietro, Oppizoni, Gabrielli, l'abbé d'Astros, Mgr de Boulogne. On trouve dans le donjon un certain nombre de peintures et d'inscriptions pieuses dues à ce dernier prélat.

En 1812, l'Empereur donne plus d'extension à son premier projet. Il charge le génie d'aménager des casernes pour 1.000 hommes, une salle d'armes pour 10.000 fusils, de rechercher un emplacement pour le muséum d'artillerie, d'établir des magasins susceptibles de contenir 100.000 livres de poudre, d'élever des hangars pour quelques milliers de voitures, enfin de créer des forges et des ateliers pour les ouvriers en bois.

Daumesnil est nommé directeur du nouvel arsenal. Il n'avait alors que trente-six ans. Ses états de service mentionnaient 22 campagnes, 8 drapeaux pris à l'ennemi, 4 généraux faits prisonniers. Ses actions d'éclat ne se comptaient plus. A la bataille d'Arcole il avait couvert Bonaparte de son corps ; à Aboukir, il s'était emparé d'une des queues du capitan Pacha. Sa bravoure, en un temps où l'héroïsme était monnaie courante, se citait, proverbiale : vingt-trois blessures l'attestaient. A Wagram, en chargeant avec un régiment de la Garde qu'il commandait, il avait eu la jambe emportée par un boulet.

Avec un tel homme, l'arsenal prend un développement qu'on ne pouvait même prévoir. Aussi peut-il fournir la presque totalité du matériel nécessaire à la campagne de 1814.

Lors de la bataille de Paris, dernière étape d'une longue mais glorieuse agonie, c'est le canon de Vincennes qui fait entendre la dernière protestation de la France vaincue. Le matériel confié à la garde du général « à la jambe de bois » est sauvé. Mais Louis XVIII ne sait pas reconnaître un tel dévouement. Le héros est nommé à Condé ; il accepte ce poste à la frontière. On lui envoie le brevet de chevalier de Saint-Louis ; il refuse.

Le marquis de Puivert lui succède. Fort honnête homme, mais ancien émigré, il n'a aucun prestige sur de vieilles troupes qui ont conservé le culte du drapeau tricolore. Aussi, est-il abandonné de tous, lorsqu'il veut défendre la place au retour de l'Empereur, et doit-il capituler.

Daumesnil est rappelé. Il est à son poste lorsque les alliés, après Waterloo, reparaissent sous les murs du château. Un parlementaire prussien le somme de se rendre. Il reçoit cette réponse : « Rendez-moi ma jambe et je vous rendrai Vincennes. » Le maréchal Blücher s'irrite ; il menace de donner l'assaut à la « bicoque ». — « Essayez, dit le général à son envoyé. Je vous promets de faire tout sauter, et, si je saute, nous sauterons ensemble. Seulement je ne vous garantis pas que je ne vous égratignerai pas en l'air. » A bout d'argument, on lui propose un million : « Mon refus, s'écrie-t-il dans son indignation, servira de dot à mon fils. » Les alliés n'osent mettre leurs menaces à exécution : ils se contentent de bloquer la place. Au bout de soixante-douze jours, ils se retirent. Vincennes est sauvé une seconde fois, mais Daumesnil prend sa retraite.

Le marquis de Puivert redevient gouverneur (1815-1830). Sous son gouvernement on continue la démolition des tours commencée en 1808, les restes du duc d'Enghien sont exhumés (1816) ; l'explosion d'un magasin à poudre cause de grands dégâts (1819).

Daumesnil reprend ses anciennes fonctions (1830). Il trouve encore le moyen d'être utile à son pays, en préservant de la fureur populaire les ministres de Charles X, signataires des ordonnances : le prince de Polignac, MM. de Chantelauze, de Guernon-Ranville, de Peyronnet, confiés à sa garde. Mais, atteint du choléra, il meurt dans son appartement du pavillon de la Reine (1832). La place de gouverneur est alors supprimée.

Depuis cette époque, peu de grands événements sont à mentionner. On doit toutefois rappeler les suivants : en 1840 le vieux château est transformé en fort de seconde ligne de la place de Paris ; de 1842 à 1848 le duc de Montpensier commande l'artillerie et occupe les anciens appartements d'Anne d'Autriche dans le pavillon de la Reine restauré à son intention. A la suite de l'émeute de 1849, Barbès et Raspail sont enfermés au donjon. Lors du coup d'État de 1851, un convoi de députés de l'opposition, parmi lesquels on trouve Odilon Barrot, le marquis de Talhouët, le duc de Luynes, Berryer, est dirigé sur Vincennes. Les députés, logés dans les appartements du général commandant d'armes, ne couchent qu'une nuit au château.

Sous l'Empire, le vieux fort ne joue aucun rôle. On ne peut que signaler : une visite du roi de Portugal (1855) ; l'effondrement des voûtes de la tour principale qui fait 17 victimes (1857).

Pendant la guerre de 1870 le général Ribourt établit son quartier général à Vincennes, qui reçoit quelques boulets le 23 janvier 1871. Après le siège, le colonel Faltot occupe la place pour le compte de la Commune. Il capitule d'ailleurs à la première sommation du général Vinoy (28 mai 1871).

Le 22 juillet suivant, le vieux fort, qu'avaient épargné la guerre et l'insurrection, est bouleversé par l'explosion d'un dépôt de munitions.

Après ces heures tragiques, Vincennes n'a pour ainsi dire plus d'histoire. Il ne reste à noter que la création d'une direction d'artillerie (1871), la visite du roi de Siam (1898), celle du shah de Perse (1900) ; d'Édouard VII, roi d'Angleterre et de Victor-Emmanuel II, roi d'Italie (1903); d'Alphonse XIII, roi d'Espagne (1905).

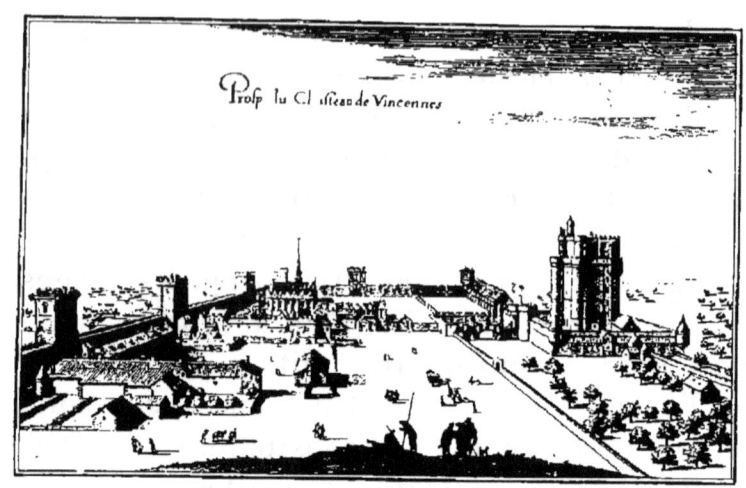

Le château vers 1610
(D'après la gravure d'Israël Silvestre.)

II

TRANSFORMATIONS SUCCESSIVES DU CHATEAU

Depuis la première construction connue jusqu'à nos jours, le château a subi huit transformations successives :

1° Hospitium de Louis le Jeune (détruit) ;

2° Manoir de Philippe Auguste, remanié par saint Louis (détruit) ;

3° Château de Philippe VI et de Charles V (donjon et enceinte existants) ;

4° Château Louis XI (démoli en 1610) ;
5° Château Louis XIII (englobé dans le Pavillon du Roi) ;
6° Château Louis XIV (Pavillon du Roi et de la Reine) ;
7° Arsenal (1808) ;
8° Fort (1840).

Hospitium de Louis le Jeune. — Le premier château ne consistait qu'en un simple rendez-vous de chasse. Il est probable qu'il a été le noyau des constructions ultérieures. Mais aucun vestige archéologique ne confirme cette hypothèse.

Manoir de Philippe Auguste. — En ce qui concerne les travaux de Philippe Auguste, les renseignements sont encore fort vagues. L'abbé de Laval a retrouvé vers 1882 dans des fouilles effectuées près du lavoir, à 35 mètres environ ouest de la Tour du Diable, des restes de substructions paraissant appartenir à ce second château ou manoir, ce qui nous fixe sur son emplacement. Mais en quoi consistaient ses bâtiments ? L'historiographe nous affirme qu'ils étaient de style roman. Son opinion ne s'appuye malheureusement sur rien.

Remaniements de saint Louis. — Saint Louis transforma ces premières constructions en leur adjoignant un donjon, une salle d'assemblée et la chapelle Saint-Martin. Les vestiges de ce château ont disparu en 1808, mais son tracé peut être rétabli à l'aide d'un plan de Le Vau de 1654 (Bibl. de la V.

de Paris). En examinant ce document avec attention, on voit que les bâtiments situés dans le quart nord-est de la grande cour (logements des chanoines au xviiie siècle), affectaient une forme irrégulière, qu'ils contenaient une cour à peu près carrée, enfin que leurs murs extérieurs, tracés en lignes brisées, n'étaient d'équerre avec aucune des grandes directions de l'enceinte principale. Les tours rondes réparties sur leurs fronts étaient les limites des courtines. Le donjon se trouvait en a (voir le plan d'après Le Vau en tête du volume). La fortification était rudimentaire.

Château de Philippe VI et de Charles V. — Les bâtiments de saint Louis, incommodes, trop exigus, durent paraître insuffisants à Philippe VI, et, si nous en croyons la teneur d'une inscription placée autrefois sur le Châtelet [1], ce roi fit commencer le donjon (1337). Les désastres de la guerre anglaise arrêtèrent les travaux. La construction n'en était encore qu'aux fondations, quand Jean II monta sur le trône. Ce roi rappela les ouvriers vers 1360, mais, à sa mort, le gros œuvre n'était guère achevé que jusqu'au troisième étage. Charles V, ce « saige artiste, savant architecteur » comme le qualifie Christine de Pisan, reprit le projet de ses prédécesseurs (1364) et l'amplifia, conservant la grosse tour, mais l'englobant dans une grande enceinte rectangulaire destinée à

---

[1] Voir page 68.

enserrer une véritable ville. Là, devait être « establie en beaux manoirs la demeure de plusieurs seigneurs, chevaliers et autres ses mieux aimés, et chacun y assenerait rente à vie selon leurs personnes ; celui lieu » eut été « franc de toutes servitudes, sans aucune charge par le temps avenir, ne redevance demander »[1]. Le manoir de saint Louis fut conservé, et même remis en état, car de 1365 à 1367, on refit toute la couverture, on adjoignit des salles de bains à plusieurs appartements, enfin on répara divers dallages, entre autres celui de la chapelle Saint-Martin, antérieurement constitué par des carreaux de plâtre.

L'histoire ne nous a pas conservé le nom de l'architecte du nouveau château. On sait qu'en 1373 les travaux étaient confiés à Guillaume d'Arondel, mais ce n'était qu'un sous-ordre, un maître tailleur de pierres. Il est fort probable que le roi élabora les plans avec Raymond du Temple, son maître des œuvres favori, et un grand nombre d'auteurs admettent que ce fut ce dernier qui se chargea de leur exécution.

Le château étant en plaine, le tracé de ses remparts pouvait être indépendant du terrain et affecta la forme d'un grand parallélogramme, long de 375 mètres et large de 175, mesures prises du revêtement extérieur d'une escarpe à celui opposé. Mais par suite de la nécessité d'englober le donjon commencé et le manoir de saint Louis dans l'en-

[1] Christine de Pisan. *Le livre des faits et bonnes mœurs du sage roi Charles.* Nouvelle édition. Paris, 1836, chap. XI, p. 76.

ceinte, sans trop augmenter le corps de place, le premier de ces monuments ne se trouva pas au centre d'un des grands côtés. Des fossés profonds de 12 mètres[1], larges de 22 mètres sur les grands côtés de l'enceinte, et de 28 mètres sur les petits côtés, enserrent tout le corps de place auquel ils servent d'obstacles, tout en le protégeant contre la mine. Ils sont distincts de ceux du donjon profonds de 14 mètres et larges de 22 mètres. Tous étaient pleins d'eau primitivement[2] et étaient alimentés par une dérivation du ru Orgueilleux, et par diverses sources captées au pied du plateau de Fontenay-sous-Bois.

Neuf tours barlongues, sans compter le donjon, sont réparties sur les remparts, une à chaque angle, trois sur le grand côté est, une sur le milieu des petits côtés. Avant d'être arasées à hauteur des courtines[3], toutes avaient une hauteur de 42 mètres au-dessus du sol de la cour, et de 54 mètres au-dessus du fond du fossé. Elles dominaient les courtines de 27 mètres ; elles avaient donc un très grand commandement : d'une part, sur les chemins de ronde auxquels on ne pouvait accéder que de leur premier étage, et, d'autre part, sur la campagne. Seule, la tour d'entrée du côté de Vincennes a conservé sa hauteur et nous donne une idée des dispositions des tours détruites. Leurs murs, à la base, s'amortissent sur une sorte de risberme en

---

[1] Ils ont été comblés en partie il y a une trentaine d'années.
[2] Ils ont été asséchés au début du règne de Louis XIII.
[3] Ces tours ont été démolies de 1808 à 1819.

pierre; sur ce talus à fruit considérable prennent appui de gros contreforts montant jusqu'à la corniche percée de longs mâchicoulis et surmontée d'un mur crénelé. Elles possédaient au-dessus du rez-de-chaussé voûté, deux étages planchéiés[1]. reliés par un escalier à vis montant directement de la cour jusqu'à la plate-forme constituée par une voûte recouverte d'un épais blindage[2]. Des latrines semblent avoir existé à tous leurs étages, comme on le voit dans la tour principale. De grands magasins voûtés occupaient leur sous-sol. Toute leur organisation était faite en vue de leur indépendance, car chacune constituait une sorte de citadelle particulière en même temps qu'un bastion rudimentaire.

Entre les tours, les courtines basses étaient couronnées par un chemin de ronde avec créneaux et mâchicoulis. En leur milieu une échauguette barlongue contribuait au flanquement. Cette précaution était judicieuse, car les carreaux d'arbalète avaient un effet utile jusqu'à 60 mètres environ, et les fronts étaient un peu longs par rapport à cette portée : 68 mètres en moyenne, sauf entre la tour du Roi (angle sud-ouest et l'escarpe du donjon, où l'on compte 110 mètres) et entre la tour de

---

[1] Viollet-le-Duc — dans son *Dictionnaire d'architecture*, t. IX, p. 106 — dit : « trois étages voûtés. » C'est une erreur car la tour principale nous montre qu'il y avait au moins deux étages planchéiés.

[2] Ces plates-formes ne paraissent pas avoir été construites pour porter du canon, les murs qui les supportent étant trop faibles. Elles n'étaient destinées qu'aux grands engins nervobalistiques, qui, dans la seconde moitié du XIVe siècle, étaient encore préférés aux bouches à feu trop rudimentaires.

Paris (angle nord-ouest) et l'escarpe nord du donjon, où l'on compte 145 mètres. Nous verrons plus loin les dispositions ingénieuses qui furent prises pour parer aux inconvénients du développement excessif de ces deux faces.

On entrait dans le château par deux portes principales percées dans les tours situées au milieu des petits côtés, la porte du côté nord possédant un passage de piétons accolé au passage charretier. On accédait à ces portes par un pont fixe en pierre, constitué par deux arches en tiers-point, prolongé par un pont-levis avec bras. Sous la tour, au milieu du front est, s'ouvrait également une porte, ou plutôt une grande poterne, car elle n'avait qu'un pont-levis à bascule, retombant sur une passerelle légère établie sur des piles de maçonnerie.

Lorsqu'on examine les anciens plans, on voit que les fossés du donjon faisaient des trouées dangereuses dans le corps de place[1]. Cette faute étonne de la part de constructeurs ayant donné de si grandes preuves de connaissances militaires dans les autres parties du château. En réalité, elle n'est qu'apparente : le château était primitivement couvert par une première enceinte constituée par un chemin de ronde, et un mur crénelé courant au-dessus des contrescarpes. L'épaisseur anormale de cette contrescarpe le prouve. Cette première

---

[1] Ces brèches ont disparu en 1840. Elles ont été bouchées par des casemates barrant le fossé primitif, qui a d'ailleurs été comblé du côté de la cour du château.

enceinte était renforcée en avant des portes par de petits châtelets comme le montre une vue cavalière de Du Cerceau.

L'allongement des courtines adjacentes au donjon était voulu, nécessaire : voulu parce que le donjon par suite de son plus grand commandement assurait à plus grande distance la protection des fronts voisins du corps de place, et possédait un éperon se terminant par deux échauguettes jumelées constituant une plate-forme destinée à recevoir des machines de jet pouvant tirer dans la direction nord, c'est-à-dire celle du rempart qui avait le plus besoin d'être protégé [1] ; nécessaire, parce que des tours plus rapprochées de la chemise du donjon eussent dominé celle-ci, et constitué par conséquent un danger pour ses défenseurs.

Comme l'on peut en juger d'après ces quelques aperçus, la fortification de Vincennes avait été parfaitement étudiée. Sa valeur défensive était accrue par des dispositions accessoires non moins judicieuses. Les tours principales possédaient des monte-charges, pour les munitions. Toutes, nous l'avons dit, avaient leurs magasins propres pour armes, approvisionnements divers. En dehors de ces magasins particuliers, il existait dans la cour de grands silos comme dépôts de vivres [2].

---

[1] Il y a lieu de remarquer d'ailleurs que ce rempart a deux échauguettes de flanquement.

[2] Un de ces silos existe encore au sud de la Sainte-Chapelle : son orifice se trouve dans le prolongement de la façade nord du pavillon

L'eau était amenée au château par des conduits souterrains, mais tout était prévu pour que la garnison ne pût en être privée en cas de siège : des puits et des citernes auraient pu, si la canalisation extérieure avait été coupée, suffire aux besoins des défenseurs. Ces puits se trouvaient : deux jumelés, mis en communication entre eux par un canal établi en sous-sol dans la tour nord-est de l'enceinte : un dans l'ancien château de saint Louis ; un en avant du donjon, et un dans le donjon lui-même. Dans la braie de la grosse tour se trouvait encore, dit-on, une citerne.

De tels détails d'organisation montrent, comme le fait très justement remarquer Viollet-le-Duc, que Vincennes est une « forteresse type ». La conception des courtines allongées, basses, réservées aux arbalétriers ; des plates-formes élevées, destinées aux grands engins, trébuchets ou mangonneaux, mis à l'abri du tir à la volée des machines des assaillants par suite de leur commandement ; des tours considérées non pas comme de simples points d'appui du rempart, mais bien comme des organes de flanquement, était une innovation. Malheureusement, cette innovation arrivait à une époque de transition, en cet instant précis, qui, suivant les théories de Courajod, marque la fin du moyen âge et le commencement des temps modernes. Cet essai ne fut suivi d'aucun autre, les progrès rapides de l'artillerie à feu ayant obligé les

de la Reine, à 15 mètres environ de l'angle nord-ouest de ce pavillon. Longtemps oublié, il a été découvert sous Louis-Philippe et nettoyé.

constructeurs militaires à chercher d'autres solutions pour résoudre l'éternel problème de la défense des places.

Château Louis XI. — Louis XI se fit bâtir un corps de logis dans l'angle sud-ouest de la grande cour. Nous ne connaissons cette construction que par une gravure de Boisseau, d'ailleurs peu exacte. Elle paraît de dimensions assez restreintes. En longueur elle s'étendait de la tour du Roi (angle sud-ouest) jusqu'au 2/3 de la courtine reliant cette tour à l'enceinte du donjon. Sa largeur ne pourrait être appréciable sur une vue, mais elle nous est indiquée, à défaut de plan, par un document des archives du Génie de Vincennes : dans un mémoire relatif aux travaux de 1818 dans le pavillon du Roi on lit que, lors de la démolition de la corniche de la chambre à coucher de Louis XIV, exécutée cette même année, la façade de cette habitation fut découverte. Derrière les lambris du XVIIe siècle, les baies des anciennes fenêtres apparurent, avec leurs sculptures, dans le mur qui partage en deux ce pavillon dans sa longueur. Le corps de logis Louis XI n'avait donc que la moitié de la largeur du pavillon actuel.

Ce bâtiment était déjà délabré en 1539. Poncet de la Grave nous apprend en effet que François Ier, fut obligé d'y faire exécuter de grosses réparations pour y recevoir Charles-Quint[1]. L'empereur n'y vint

---

[1] Poncet de la Grave. *Histoire de Vincennes*, t. I, p. 234.

pas, mais les travaux eurent lieu. Ils furent même poursuivis, car, en 1543, ils étaient « sous l'inspection et ordonnance de Messire Hérault, capitaine du Bois de Vincennes et Philippe Hulin, capitaine de la bastille Saint-Antoine, à Paris ». Enfin, nous savons par une lettre de Catherine de Médicis, qu'en 1552 le Primatice, alors surintendant des bâtiments, termina la décoration des appartements.

Château Louis XIII. — Le château ne fut qu'un agrandissement du corps de logis Louis XI. La première pierre de cette nouvelle construction fut posée le 17 août 1610 en présence de toute la Cour. L'architecte qui dirigea les travaux ne nous est pas connu. Israël Silvestre a laissé une vue de ce bâtiment ; celle-ci n'offre que des indications sans grande valeur, mais il existe à la bibliothèque de la Ville de Paris, dans les cartons des plans dits de Colbert, un plan détaillé des appartements du premier étage [1].

Château Louis XIV. — Lorsque Mazarin, triomphant de ses ennemis, revint définitivement d'exil et devint gouverneur de Vincennes, nous avons dit qu'il chargea Colbert de la transformation complète de la résidence royale. Le Vau obtint l'adjudication des travaux, bien qu'il fut en concurrence avec François Mansart et Le Muet. Il soumit au ministre quatre projets successifs. Dans le dernier, qui

---

[1] Plans et devis du château de Vincennes, Bibl. de la Ville de Paris, n° 12911.

Le château en 1666
(D'après la gravure de Brissart).

fut approuvé, le pavillon Louis XIII, doublé et exhaussé, était réservé au roi. Un bâtiment symétrique, élevé contre la partie sud de la courtine Est du château de Charles V, servait d'habitation à la Reine-mère et au cardinal (pavillon de la Reine). Ces deux corps de logis étaient reliés par des colonnades rustiques, l'une, celle du sud, constituée par l'ancien rempart troué de larges baies, découronné de son chemin de ronde ; l'autre, par des arcades neuves.

Au milieu de ces deux colonnades, deux arcs de triomphe formaient des portes monumentales.

L'arc de triomphe de la porte du parc avait comme massif l'ancienne tour du centre du petit côté sud du château, arasée au niveau de la courtine ; sa façade, ornée de statues antiques, était un simple placage.

Toute la partie nord de l'ancienne cour fut réservée aux communs, aux écuries. L'ancien logis du gouverneur, attenant au côté nord de la Sainte-Chapelle, fut conservé, ainsi qu'un grand nombre de bâtiments du manoir de saint Louis aménagés comme maisons canoniales.

Arsenal 1808. — Lorsque l'empereur résolut en 1808 d'utiliser le château comme arsenal, le délabrement était complet. Les réparations exécutées à cette époque rendirent utilisables quelques locaux, mais tous les travaux entrepris causèrent, au point de vue de l'art, des dommages irréparables au monument. La destruction systématique des tours commença, sous prétexte qu'il eut été trop cher de les réparer. Les baies du rempart sud furent bouchées, des flèches en maçonnerie élevées devant les portes nord et sud; les communs, c'est-à-dire ce qui restait de l'ancien château de saint Louis,

Le château vers 1799
(D'après une lithographie du temps).

démolis, la Sainte-Chapelle transformée en salle d'armes. Seul, le pavillon de la Reine fut remis en état pour servir de logement à un colonel de la Garde. Mais les appartements du Roi, dont l'ornementation avait disparu en grande partie au xviiie siècle, d'abord lorsque le bâtiment avait été aménagé pour recevoir l'école des Cadets, ensuite lorsqu'il servit de prison aux femmes de mauvaise vie, furent transformés en chambrées.

En 1818, le grand abreuvoir disparut, ainsi que les écuries. Une grande salle d'armes fut construite (1819). La Sainte-Chapelle fut rendue au culte vers la même époque. En 1822, les boiseries des appartements d'Anne d'Autriche furent enlevées et portées au Louvre.

Fort en 1840. — La transformation du vieux château en fort moderne eut des conséquences encore plus funestes. Les fossés du donjon furent comblés du côté de la grande cour; la colonnade de Le Vau, qui séparait la grande cour du château de la cour dite du Donjon, fut démolie avec son arc de triomphe. Des casemates vinrent cacher les remparts de Raymond du Temple, et noyer le grand arc de triomphe dont la base des colonnes apparaît seule sous la voûte d'entrée de la porte du Bois, et quelques motifs architectoniques sont encore visibles dans les salles du premier étage. En 1852, le tombeau du duc d'Enghien, érigé en 1823 dans le chœur de la Sainte-Chapelle, fut transporté dans l'oratoire nord de cette chapelle, et d'ailleurs complètement modifié. En 1860, des fresques de Philippe de Champaigne et de Borzone furent retrouvées dans le pavillon du Roi. Elles devaient être conservées avec soin, mais ont été perdues depuis.

Pendant cette période, la Sainte-Chapelle fut entièrement restaurée (1852-1888), ainsi que la tour de Paris qui s'était éboulée partiellement en 1857. Le donjon a été réparé extérieurement.

LA TOUR DE LA REINE
Vue prise de l'angle sud-est.

Photo Le Deley.

III

BATIMENTS ANCIENS SUBSISTANT

CHATEAU DE CHARLES V

Le château de Charles V constitue, malgré les adjonctions déplorables qu'on lui a faites, ou les mutilations non moins regrettables qu'il a subies, la partie essentielle du vieux fort, son ossature. L'enceinte, la tour principale, le donjon, la Sainte-Chapelle sont des fragments qui offrent encore le plus grand intérêt : ils méritent une étude spéciale.

Enceinte. Tours. — Les neuf tours de l'enceinte sont ordinairement désignées sous les noms suivants :

1° Tour de Paris (A) (voir plans en tête du volume) ;

2° Tour du Village ou tour principale (B) ;

3° Tour du réservoir (C) ;

4° Tour de Calvin ou du Diable[1] (D) ;

5° Tour du Gouverneur, des Salves, ou Porte de communication (E) ;

6° Tour de la Surintendance (F) ;

7° Tour de la Reine (G) ;

8° Tour du Bois (arc de triomphe) ou tour du conseil (H) ;

9° Tour du Roi (I).

Les plus anciennes de ces appellations ne remontent qu'au xvii° siècle, à part celle de tour de Calvin, qui date du xvi°.

Tour principale. — La tour principale, qui domine l'une des grandes portes d'entrée, servait à l'origine de logement au capitaine du château. Elle se dresse actuellement de toute sa hauteur au-dessus du pont par lequel on y arrive, étayée en avant par quatre puissants contreforts montant jusqu'à la corniche qui n'est qu'une suite de longs machicoulis, et sur chaque côté par un contrefort et une tourelle. Sa façade est percée de hautes fenêtres, correspondant à chacun de ses

---

[1] L'appellation de tour du Diable a été quelquefois donnée à la tour suivante, mais c'est une erreur.

étages, partagées par un ou deux linteaux, termi-

Photo des Monuments Historiques.
TOUR PRINCIPALE.
Façade nord.

nées par un tympan aveugle au-dessous d'une

archivolte en tiers-point, moulurée d'un boudin s'amortissant sur des colonnettes à chapiteau ornées de feuillage et à bases prismatiques.

La porte charretière en tiers-point, avec son archivolte moulurée de trois boudins s'amortissant sur des colonnettes identiques à celles des fenêtres, est surmontée d'un écu aux armes de France supporté par deux anges (restauration de Viollet-le-Duc), au-dessus duquel s'ouvre une niche encadrée par une arcature en tiers-point, et garnie d'un piédestal sans statue, au-dessus d'une corniche. Celle-ci, interrompue par les fentes pratiquées pour le passage des bras du pont-levis, se continue sur les deux contreforts voisins de la porte, et se retourne en avant pour servir de base à trois autres niches identiques, mais surmontées d'une arcature avec gables aveugles dont les rampants sont ornés de crochets et surmontés d'un fleuron, le tout dans le goût le plus pur du milieu du xive siècle. Au-dessus du cordon du premier étage de la façade, et au milieu de celle-ci, se trouve une niche un peu plus large avec linteau mouluré et colonnettes. Cette niche devait contenir un bas-relief : elle est masquée actuellement par le cadran de l'horloge.

A côté de la porte charretière s'ouvre une poterne en tiers-point réservée aux piétons, munie de son pont-levis particulier se relevant avec un seul bras à l'extrémité duquel est suspendue une fourche de fer recevant les deux chaînes.

Un ennemi, qui eut cherché à pénétrer autrefois par l'une ou l'autre de ces entrées, se fût heurté à une porte de bois, puis serait arrivé dans un passage voûté, fermé du côté de la cour par une herse, exposé aux flèches qui lui auraient été tirées par des archers de deux corps de garde latéraux n'ayant aucune communication avec l'endroit où il se trouvait, en même temps qu'aux projectiles tombant d'assommoirs pratiqués à la partie supérieure du passage. Ces assommoirs sont constitués par des ouvertures circulaires ménagés dans les clefs de voûte d'ogives entourées de feuillages, ou par des trous carrés percés dans les compartiments de remplissage. Un mur de refend porté sur un arc surbaissé divise les six voûtes en deux galeries. Les doubleaux et les nervures retombent sur des consoles ornées chacune d'un personnage d'une jolie allure, tenant un phylactère.

Le même assaillant, la herse franchie, eût été exposé dans la cour aux projectiles lancés d'une terrasse située à hauteur du premier étage de la tour. Cette terrasse devait être primitivement crénelée et avoir des machicoulis. La reprise du mur au-dessous du parapet actuel semblerait l'indiquer. On accédait à ce chemin de défense par une porte percée au fond d'une niche en tiers-point, munie à sa partie supérieure d'un assommoir.

Les deux corps de garde latéraux avaient leur entrée dans la cour. Celui de l'ouest possédait toutefois une sortie intérieure sur l'escalier à vis montant jusqu'à la plate-forme et descendant jusqu'au sous-sol dans lequel existent de grands magasins voûtés très curieux. Il était à deux étages, ceux-ci reliés par un escalier particulier. Il contenait la chambre de manœuvre de la herse, et probablement celle du pont-levis.

Deux tourelles sont accolées aux angles sud-ouest et sud-est de la tour. L'une (sud-ouest) contient l'escalier à vis dont nous avons parlé, l'autre (sud-est) vide, la cage d'un monte-charge.

Il est assez difficile de se rendre compte de la disposition primitive des locaux, la chute de la plate-forme en 1857 ayant causé la ruine de tous les aménagements intérieurs et amené la disparition des cloisons. Les planchers actuels ont été refaits par Viollet-le-Duc[1]. On voit cependant qu'à tous les étages l'escalier débouchait dans une vaste salle possédant de très belles cheminées, notamment au premier, où les corbeaux destinés à supporter les poutres du plafond, ornés des Evangélistes tenant un phylactère, sont également à signaler pour leur exécution remarquable. La partie Est devait contenir diverses salles. On y trouve encore de belles cheminées, cependant moins ornées, plus petites que les précédentes. Des latrines, avec des couloirs curieux, sont ménagées dans l'intérieur du mur sud, qui d'ailleurs forme une saillie d'environ deux mètres à l'intérieur dans la partie comprise entre la grande salle et le monte-charge. Ce dernier possédait à tous les étages des planchers de bois munis d'orifices circulaires ménagés pour les cordes du treuil.

[1] Un plancher a été ajouté entre le deuxième et le troisième étage.

A signaler un repentir étrange entre le deuxième et le troisième étage primitifs (actuellement, 3º et 4º). Du plancher, qui les sépare, on voit émerger des chapiteaux surmontés d'amorces d'arcs. Ces chapiteaux appartiennent à des colonnes demi-engagées visibles à l'étage inférieur. Le plancher a cependant dû exister dès l'origine, comme le prouvent, d'abord les fenêtres de la façade, puis, une cheminée du XIVᵉ siècle, qui chauffait l'étage supérieur.

La tour est couverte par un toit aplati et surmonté de deux tourelles de guet crénelées, qui sont de l'invention de Viollet-le-Duc. Dans un campanile peu esthétique situé du côté de la cour, sont attachées les trois cloches de l'horloge actuelle. La plus grosse a été fondue en 1369 par Jean Jouvente, et appartenait, avant la Révolution, à l'horloge du donjon, qui datait de Charles V.

Tours diverses. — La tour de Paris, noyée actuellement dans des casemates (construites en 1840), et arasée en 1819, ne présente aucun intérêt à cause de ses mutilations. Il en est de même de la tour du Réservoir, arasée en 1818. Celle-ci tire son nom d'un réservoir en plomb, qui servait autrefois à emmagasiner l'eau de source amenée par des canalisations extérieures.

Sur le front Est, la tour de Calvin, rasée en 1809, laisse apercevoir son ancienne porte en tiers-point moulurée, qui aboutit à l'escalier à vis, par lequel on descend dans la pièce voûtée du sous-sol, transformée en casemates à canons. Cette salle a longtemps possédé la seule poterne par laquelle on avait accès aux fossés. C'est par cet escalier et cette poterne que le duc d'Enghien fut conduit au supplice.

PORTE DE COMMUNICATION (TOUR DES SALVES)
Façade est.

La tour des Salves était déjà en mauvais état en 1658 ; la voûte de sa plate-forme s'effondra à cette époque, démolissant tous les étages inférieurs, ensevelissant le concierge et sa famille sous les décombres. Elle n'a jamais dû être bien réparée depuis. Aussi fut-elle démolie la première (1808). Son nom vient de ce qu'elle fut aménagée alors pour porter des canons pris à Marengo.

Du côté du Fort-Neuf, sa porte en tiers-point, avec sa décoration et ses niches surmontées de gables, offre des caractères architectoniques identiques à ceux de la porte principale.

La tour de la Surintendance, ainsi appelée parce qu'elle contenait les bureaux de Colbert, la tour du Roi et celle de la Reine, n'offrent plus que des vestiges de leurs anciennes dispositions. On y voit quelques escaliers à vis et des salles basses voûtées, transformées d'ailleurs en casemates.

La tour du Bois avait été aménagée intérieurement par Le Vau. C'est dans l'appartement constitué au premier étage que logeait Harel en 1804, et que fut jugé le duc d'Enghien. L'état des lieux a été complètement modifié depuis cette époque.

Donjon. — Le donjon est une tour carrée de 52 mètres de hauteur, avec des murs de 3 mètres à la base, flanquée de tourelles à chacun de ses angles, ce qui constitue un type assez rare. Son dernier étage est légèrement en retrait sur les autres, de telle sorte qu'un chemin de ronde a pu être ménagé en partie sur l'épaisseur des murs, disposition assez fréquente au XIVe siècle. Ce chemin de ronde offre toutefois une particularité : il s'élargit à l'angle nord-ouest, constituant une terrasse au-dessus de deux échauguettes jumelées, qui s'accrochent à une épine ou gros contrefort, dans l'intérieur duquel des latrines ont pu être ménagées à tous les étages. Cette plate-forme assurait, nous l'avons dit, le flanquement de la partie nord de la courtine ouest.

Enceinte. — Primitivement, le donjon possédait son enceinte particulière, qu'un fossé séparait des courtines voisines et de la cour intérieure. Un pont en pierre, avec deux arches en tiers-point, précédait un pont-levis porté par deux échauguettes en avant du châtelet constitué par un corps de logis encadré de deux tours. Sur le mur enserrant la cour carrée au milieu de laquelle s'élève la grosse tour, règne un chemin de ronde, couvert dès le xve siècle, peut-être même dès le xive, et qui a été désigné à partir du xviie siècle sous le nom de « galerie ». C'est par une fenêtre de cette galerie que s'évada le duc de Beaufort, et c'est de là que Mirabeau causait avec Mmes de Sparre et du Ruault. Aux quatre angles du chemin de ronde, s'élèvent de jolies échauguettes en forme de tourelles, celles du front ouest, ayant sur les arcs ogives de leur voûte des traces d'ornementation : des fleurs de lis or, sur fond bleu.

La cour intérieure du donjon est actuellement fort rétrécie, d'abord par des constructions relativement modernes accolées au Châtelet (bureau de la direction d'artillerie), ensuite par des casemates à la Haxo, élevées sur les trois fronts nord, ouest et sud, en 1841. Ces diverses constructions ont remplacé : dans la partie nord de la cour, une salle d'assemblée, avec différents locaux réservés au capitaine de la forteresse au XIVᵉ siècle, puis une

Photo des Monuments Historiques.
Le donjon
Angle nord-ouest.

chapelle, qui, au XVIIᵉ siècle était appelée « église

de l'Ordre de Jérusalem[1] »; dans la partie ouest un grand jeu de paume construit pour Louis XIII enfant.

Sous Charles V, on entrait au donjon par le premier étage. Cette entrée a été murée depuis, fort probablement au xviiie siècle; mais on voit l'archivolte de sa porte en tiers-point, noyée dans le mur de la façade Est, ainsi que les deux fentes verticales destinées au passage des chaînes de son pont-levis. Il paraît certain que cette disposition n'existait pas dans le plan primitif, car l'absence d'ornementation donne à la baie bouchée les caractères d'une ouverture pratiquée après coup. D'ailleurs, pour arriver au pont, constitué par des poutrelles reposant sur une pile de maçonnerie[2], on montait du sol de la cour par un escalier à vis relativement large, dont la cage est ménagée dans une tourelle polygonale qui semble avoir été accolée au Châtelet postérieurement à sa construction. La porte de cet escalier est décorée de deux Dauphins, armes de Charles V, qui donnent la date de cette adjonction. La preuve d'un remaniement, opéré à cette époque, est encore fournie par l'escalier d'honneur qui relie le premier étage du donjon au second dans l'intérieur de la tourelle sud-est, et qui est la conséquence logique de l'entrée par le premier étage. Cet escalier a été ajouté. Il n'y a pour s'en rendre compte qu'à regarder ses fenêtres

---

[1] Cette chapelle a dû être détruite vers 1650.

[2] On voit cette pile représentée dans diverses gravures du xviie siècle. Elle est figurée dans les plans de Le Vau.

DONJON 67

de l'extérieur. Celles-ci sont au nombre de cinq : toutes sont encadrées d'un boudin ayant le même profil, mais deux, (les fenêtres primitives), sont en tiers point ; trois, (les fenêtres ajoutées), sont terminées par un linteau.

SPÉCIMENS DES MARQUES DE TACHERONS

1° *Porte d'entrée*.

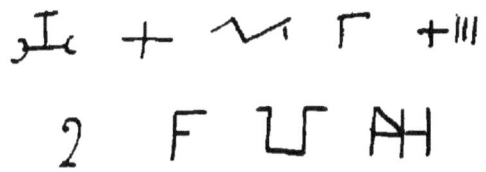

2° *Mur d'enceinte du donjon*.

3° *Voûte du Châtelet*.

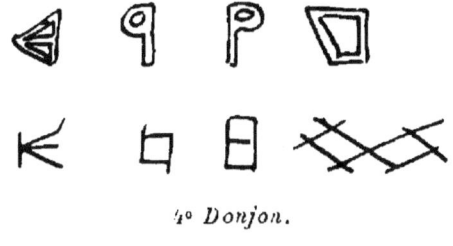

4° *Donjon*.

Ces reprises s'expliquent facilement : la construction du château aurait exigé trois campagnes, si l'on en croit une ancienne inscription gravée sur une plaque de cuivre, qui a disparu du mur de la tour sud du Châtelet, le 28 février 1791, et qui aurait été rédigée « d'après le témoignage de Philippe Ogier, secrétaire de Charles V ». Nous ne citerons de ce texte, que les passages qui nous intéressent :

> « La tour neuve du bois de Vincennes
> Sur tours neuves et anciennes
> A le prix. Or, sçaurez en ça
> Qui la parfit ou commença :
> Premièrement Philippe roys
> . . . .
> Jusque sur la terre la fonda
> L'an mil trois cent trente trois quatre (1337).

C'est la première campagne.

> Après vingt et quatre ans passez (1361)
> Le roi Jean son fils, cest ouvrage
> Fist lever jusqu'au tiers étage
> Dedans trois ans par mort cessa (1364)

C'est la deuxième campagne après laquelle Charles V vint,

> Qui parfist en brièves saisons
> Tours, pons, braie, fossés, maisons.

Il résulte de ce document que Philippe VI n'a fait que des fondations (1337); puis, il y eut une interruption des travaux d'environ vingt-trois ans. Les deux campagnes suivantes se confondent presque, car elles n'ont duré que neuf ans (1361-1370).

C'est pourquoi, si, pendant la troisième, il y eut les reprises dont nous avons parlé, il ne faut pas s'étonner de voir les mêmes marques de tâcherons se poursuivre depuis le bas jusqu'au sommet du donjon, et de ne relever aucune discontinuité dans le gros œuvre. D'ailleurs, c'est le même trésorier-receveur et payeur des ouvriers : Jean Goupil, qui surveilla les travaux. Sa commission datait du 22 avril 1361 ; elle lui fut renouvelée en 1364. Charles V n'a donc fait que les modifications de détail indiquées plus haut.

En 1362, suivant les registres de ce même Jean Goupil, et les états de la Chambre des comptes, les maîtres tailleurs de pierre recevaient quatre sols par jour, les maçons trois sols, les compagnons deux sols, les varlets ou manœuvres huit deniers. En 1363, il y avait 80 tailleurs de pierre, 200 maçons, 200 compagnons et 100 varlets qui travaillaient sur les chantiers ; 300 voitures étaient employées à charrier à Vincennes les pierres des carrières de Charenton et de Gentilly.

En 1365, le nombre des ouvriers fut encore augmenté. Enfin un compte de 1367 montre que le trésor paya, en deux mois, à Jean de Vaubreçay, clerc et payeur des œuvres de la « tour du bois de Vincennes, la somme de 13.000 francs d'or pour tourner et convertir es œuvres de la dite tour ». On terminait l'installation du souverain. Charles V vint en effet résider à Vincennes dans les derniers jours de cette année, mais il ressort d'un compte de 1368-1370 que le donjon ne fut complètement achevé qu'à cette dernière date. Il aurait coûté : dix et sept cent mille francs, quatorze sols deux deniers tournois.

Depuis lors, le monument a subi d'assez graves mutilations, mais celles-ci, heureusement, n'ont guère modifié son aspect général, si ce n'est du côté de la cour du château.

CHATELET. — Le donjon s'élève au milieu d'une petite cour dont l'enceinte carrée joue le même rôle qu'une chemise. On y entrait en passant sur un pont-levis, manœuvrant entre deux échauguettes placées en avant d'un châtelet qui se compose de deux tours rondes. Ces échauguettes et ces tours semblent aujourd'hui sortir de terre; mais, au XIVe siècle, elles prenaient leur point d'appui sur le talus du mur d'enceinte. Dans la façade du corps de logis, entre deux tours, dont les salles inférieures servaient autrefois de corps de garde, s'ouvre la porte en tiers-point, moulurée d'un boudin reposant sur deux colonnes engagées avec chapiteaux à deux étages de choux frisés. Deux trous d'assommoir sont ménagés, l'un à la partie supérieure de la voûte, l'autre latéralement, à gauche du premier. Ces défenses étaient complétées, en arrière, par une herse et une porte de bois. On trouve ensuite un passage couvert par deux voûtes d'ogives, séparées par un doubleau, et dont les arcs, ornés d'un boudin aminci, terminé par un filet, retombent sur des corbeaux ornés d'un personnage avec phylactère. Une des clés de voûte porte des

La cour du château
Vue prise du haut du pavillon de la Reine.

Photo Le Deley.

dauphins, l'autre est mutilée. Sur les murs apparaissent quelques marques de tâcherons.

Si nous revenons à la façade du châtelet, nous voyons au-dessus de la porte un bandeau de feuilles de mauve, avec cinq personnages martelés ; puis cinq niches, les deux latérales creusées dans le rentrant des tours, toutes surmontées d'une demi-coupole, avec ogives et voutins. Entre les niches extrêmes et les trois niches centrales qui se touchent, un trumeau assez large est orné de deux dauphins et d'écussons (martelés). Au-dessus, règne une frise avec arcatures trilobées et gables, puis une corniche avec choux frisés. Plus haut, s'ouvre une fenêtre en tiers-point avec tympan plein polylobé et boudin continu, elle-même surmontée d'une console avec base ornée de choux frisés. Cette console portait primitivement une statue de saint Christophe, peinte.

A la partie supérieure des tours et de la façade, règne une corniche moulurée, ornée de feuilles de choux et percée de longs machicoulis. Une plate-forme (avec créneaux disparus) termine le châtelet, qui était surmonté primitivement d'une tourelle de guet contenant l'horloge.

Il ne reste plus rien de l'ancien aménagement intérieur de cet édifice qui, au xviiie siècle, contenait les cachots dits de l'A. On y retrouve seulement l'escalier d'honneur dont nous avons parlé (il était ajouré) ; la grande salle au-dessus de la voûte d'entrée, — ancienne étude de Charles V ; — le cachot de Mirabeau — salle du premier étage de la tour sud.

Description du Donjon. — On entre actuellement au donjon par trois portes (voir plan ci-dessous). Les portes A et C ont été percées à des époques relativement récentes, la porte B est plus ancienne.

Le rez-de-chaussée était occupé primitivement

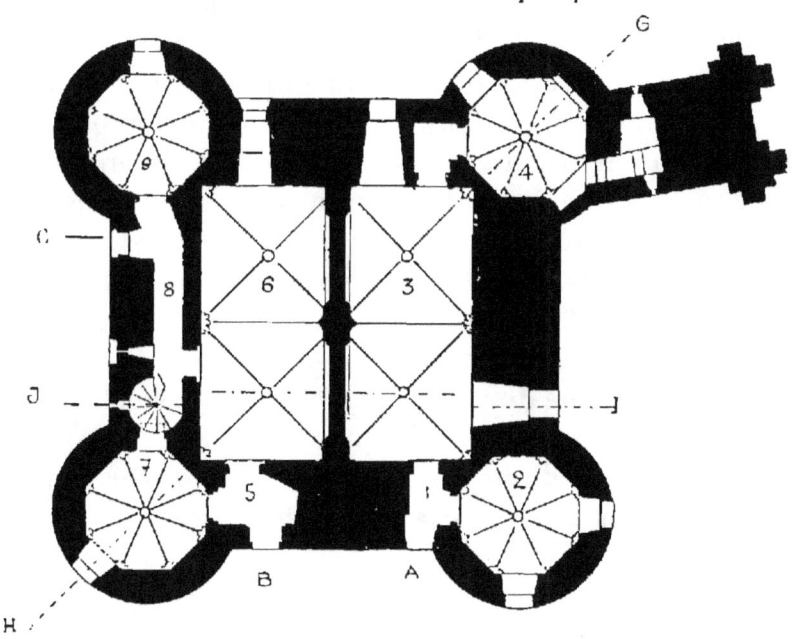

Plan du donjon
Rez-de-chaussée.

par une salle unique — ancienne cuisine de Charles V maintenant coupée par une cloison. — Cette pièce était couverte par une voûte d'ogives dont les retombées s'appuient au centre sur un gros pilier, aujourd'hui noyé dans la cloison médiane. Les arcs doubleaux et les nervures, les ogives retombent dans les angles sur des consoles ornées des attributs des Évangélistes : l'aigle, le lion, l'ange, le bœuf. Les clés de voûte de la pièce numéro 3[1] (voir plan p. 73) sont décorées l'une d'un dragon ailé ; l'autre, d'un cerf ; celles de la pièce numéro 6, la première, d'un personnage bizarrement coiffé et monté sur un sanglier, l'autre, d'un chien défendant un bélier contre une lionne. Dans cette salle, dont la porte provient de la prison du Temple[2], se trouvait le puits principal du donjon ; son orifice est actuellement bouché par de grosses dalles. La cheminée à grande hotte a été détruite ; on en voit les traces dans la pièce numéro 6, contre le mur nord. Les quatre tourelles à ce niveau, comme aux étages supérieurs (sauf au premier et au deuxième étage[3]) contiennent chacune une salle octogonale voûtée d'ogives, avec clé de voûte circulaire et arcs retombant sur des consoles sculptées. Dans l'éperon existe, au fond d'une petite pièce, une ouverture communiquant avec la grande fosse d'aisance.

PREMIER ÉTAGE. — En entrant par la porte C (moderne), et en suivant un couloir voûté en berceau, qui communiquait autrefois avec la tourelle sud-est (baie murée), on prend l'escalier de service qui monte jusqu'au faîte de la tour. Cet escalier possède un noyau faisant corps avec les marches dont le dessous est délardé de manière à former pla-

---

[1] Les numéros, que j'indique, correspondent avec ceux inscrits actuellement sur les portes.
[2] Rapportée en 1808.
[3] Au premier et au deuxième étage la tourelle sud-est contient l'escalier d'honneur.

fond rampant, disposition peu commune dans les monuments de cette époque. Au niveau du premier

SALLE ROYALE
Premier étage du donjon.

étage, on trouve une porte dérobée qui permettait d'entrer dans la salle royale, et, un peu plus haut, une autre qui débouchait dans le grand escalier.

Chambre royale — Il serait à souhaiter que les hauts châssis de bois servant de selleries, qui masquent au visiteur les proportions harmonieuses de cette vaste salle, soient enlevées. Il faut se livrer à un véritable travail d'investigation pour découvrir les curieux motifs d'architecture ou d'ornementation. Le pilier central octogone, qui se répète aux étages supérieurs et qui correspond à celui du rez-de-chaussée, est le véritable pivot du donjon. Ses fines colonnettes d'angle, groupées en faisceau, soutiennent des arcs tréflés et des gables ajourés. Cette riche décoration est inscrite entre deux rangs de chapiteaux à feuillages très élégants. Au-dessus de cette frise retombent les nervures et les doubleaux de quatre voûtes d'ogives. Tous ces arcs ont leur boudin rehaussé d'un filet et retombent, contre les murs, sur des consoles ornées dans les angles de l'attribut d'un évangéliste, et, contre les panneaux, d'un évangéliste portant un phylactère. Les voûtes d'ogives sont bandées

Photo Heuzé.
CHAPITEAUX DU PILIER
DE LA SALLE ROYALE

Coupe du donjon

au mur par un formeret et sont recouvertes d'un lambris de bois, qui a été signalé en 1461 dans le rapport d'ambassadeurs florentins, venus pour visiter Vincennes. Ces lambris descendaient sur les murs, probablement jusqu'à la hauteur des tapisseries. Deux larges baies éclairaient cette pièce, dont la cheminée à grande hotte a disparu. Celle-ci était adossée au mur nord.

Chambres des tourelles. — La chambre de la tourelle nord-ouest[1] (ancienne chambre de retrait précédant les cabinets d'aisance ménagés dans l'épaisseur du contrefort) a servi de bureau à Mirabeau pendant sa détention et, plus tard, de cellule à Mgr de Boulogne. Les autres pièces des tourelles sont identiques : octogonales, avec culs-de-lampe à la retombée des ogives, clés de voûtes ornées de feuillages. Cependant, la tourelle nord-est communiquait autrefois avec la grande salle par l'intermédiaire d'un cabinet joliment voûté (actuellement porte murée du côté de la grande salle).

Deuxième étage. — Le premier étage est mis en communication avec le deuxième par l'escalier de service, et l'escalier d'honneur. La grande salle centrale offre la même disposition que celle du premier étage, et une décoration identique. Mais

[1] Cette chambre, portant le n° 11, est couverte de fresques grossières et d'inscriptions pieuses qui sont l'œuvre de Mgr de Boulogne enfermé au donjon en 1811. C'est dans ce cachot que Mirabeau a écrit ses *Lettres à Sophie* et ses *Lettres de cachet*.

ici, les lambris ont entièrement disparu. La grande cheminée subsiste avec son linteau légèrement incurvé, décoré de guirlandes de choux frisés, d'un gracieux effet. Les trois chambres des tourelles présentent les mêmes caractères d'architecture qu'à l'étage inférieur, mais les anciennes cheminées ont été conservées dans celles du côté ouest.

La chambre de la tourelle nord-ouest communique avec un vestibule dans lequel s'ouvrent la porte des latrines, et celle d'un délicieux oratoire, avec voûtes d'ogives à quatre compartiments, et jolie clé ornée d'une Sainte Trinité ; évangélistes tenant un phylactère sur les consoles d'angle ; fenêtre divisée par un meneau et un linteau.

Photo Heuze.

Cheminée de la grande salle du 3ᵉ étage du donjon

La réunion des chambres de cet étage a formé la prison du cardinal de Retz.

TROISIÈME ÉTAGE. — Répétition des pièces de l'étage inférieur, sauf qu'il n'y a pas d'oratoire, et qu'on n'y accède que par l'escalier de service. La grande cheminée de la salle centrale subsiste, curieuse. D'une manière générale les sujets des sculptures sont les mêmes, mais varient dans leur exécution.

Le grand Condé, les princes de Conty et de Longueville ainsi que, sous Napoléon Ier, les évêques qui avaient pris le parti du pape Pie VII, ont été incarcérés à cet étage.

QUATRIÈME ÉTAGE. — Nous sommes ici dans ce qu'on appelle « les Galetas ». La pièce centrale, actuellement divisée en quatre, était éclairée par huit fenêtres. Son pilier central ne sert qu'à butter les arcs de la voûte qui ne sont constitués que par des claveaux chanfreinés. Les chambres des tourelles restent octogonales avec voûtes d'ogives très simples.

C'est à cet étage qu'ont été enfermés en 1830 le prince Armand de Polignac, MM. de Guernon-Ranville, de Peyronnet et de Chantelauze, ministres de Charles X.

CINQUIÈME ÉTAGE. — Cet étage était primitivement réservé à la défense. Il contenait les magasins, un chemin de ronde crénelé avec quatre corps de garde, un dans chaque tourelle. Dans la première salle, en entrant, on voit un poêle de faïence qui provient de la prison de Louis XVI au Temple et qui a été rapporté au donjon en 1808.

Plate-forme. — Avec son dallage moderne, ses créneaux disparus, elle a perdu son caractère ancien, mais est cependant fort curieuse. Elle était surmontée primitivement d'une haute guérite de guet, qui a été démolie en 1791.

SAINTE-CHAPELLE

Charles V avait résolu d'édifier presque en face du donjon une Sainte-Chapelle, pour remplacer la chapelle Saint-Martin. Il posa la première pierre du nouvel édifice en 1379 et institua un chapitre de quinze chanoines pour y célébrer le culte. Mais les murs de l'élégante construction sortaient à peine de terre lorsqu'il mourut. Les travaux furent arrêtés. Continués un instant sous Charles VI, en 1400, ils ne furent repris véritablement que sous François 1er, entre 1520 et 1537, et par Henri II. Le monument, commencé dans le style rayonnant tel qu'il était pratiqué à la fin du XIVe siècle dans le domaine royal, se trouva donc terminé dans le style Renaissance, avec des transitions si habilement ménagées par les architectes successifs, qu'il faut un œil exercé pour les reconnaître. En tous cas le manque d'unité ne choque nulle part.

Histoire sommaire. — On ne connaît pas le nom du maître des œuvres qui commença la Sainte-Chapelle : on croit généralement que ce fut Raymond du Temple. En 1400, les travaux sont confiés à Jean Annot, maître des œuvres de Charles VI. Enfin nous savons par une lettre patente datée du 1ᵉʳ août 1520 que «Messire Le Gendre, chevalier, conseiller et trésorier de la Couronne, reçut commission et mandement de faire tous achats de pierre, bois, chaux, sable, plâtre, plomb, ardoises et autres matières ; faire marché avec les maçons, tailleurs de pierre, manœuvres, serruriers, carriers, et autres ouvriers à la tâche, à la toise, ou à la journée, pour achever et parfaire l'œuvre et édifice de la Sainte-Chapelle du Bois de Vincennes, commencés par les progéniteurs du Roi. »

Les travaux de maçonnerie furent poussés activement pendant trois années (1520-1523). Les pierres, tirées des carrières de Charenton, furent amenées toutes taillées. Elles furent payées à raison de 105 livres 3 sols les 76 pièces. Les maçons avaient un salaire de 5 sols par jour, les aides ou garçons, de 3 sols. Mais, en 1537, la toiture n'était pas encore en place : elle ne fut exécutée qu'en 1551 par les charpentiers Guillaume et Peuple. L'année suivante, Henri II assistait avec Diane de Poitiers à la consécration de l'édifice. Trois ans plus tard (1555), le roi transférait du Mont-Saint-Michel à Vincennes le chapitre de l'ordre de Saint-Michel. Le chœur de la Sainte-Chapelle était transformé en salle capitulaire, et une cloison avec deux portes établie à partir de la deuxième travée de la nef. Cet aménagement subsista jusqu'à la Révolution, époque à laquelle le trône royal et les stalles des dignitaires de l'ordre de saint Michel furent détruits. Le chapitre de l'ordre avait d'ailleurs été transféré à Paris en 1728.

Le 11 mars 1661, la Sainte-Chapelle servit de chambre ardente pour la dépouille mortelle du

Sainte-Chapelle
Vue prise au sud.

cardinal Mazarin, décédé la veille dans le pavillon de la Reine. Le cercueil du ministre resta pendant vingt ans dans l'oratoire sud ; son cœur fut enterré devant l'autel.

A la fin du XVIII° siècle, l'édifice mal entretenu tombait en ruines. Sous la Révolution, il fut utilisé comme salle de réunion pour les assemblées primaires, puis converti en magasin. A cette époque on enleva les dalles funéraires ; les vitraux furent déposés et portés au musée des Grands-Augustins.

En 1808, le charmant vaisseau fut divisé en deux étages par un plancher pour servir de salle d'armes : il conserva cette affectation jusqu'en 1816. Cette même année, Louis XVIII décidait que le monument serait restauré afin de recevoir le tombeau du duc d'Enghien dont les restes venaient d'être exhumés. Les travaux commencèrent en 1818, sous la direction de l'architecte Gauthier ; les vitraux furent rapportés en 1820. Les réparations avaient été si grossières, qu'en 1830 l'autorité militaire reprit possession du bâtiment, qui n'était jugé bon qu'à être utilisé comme magasin. En 1842, nouvelle consécration de la chapelle, en présence du roi Louis-Philippe. Sa restauration fut décidée, mais marcha lentement jusqu'en 1854, époque à laquelle, le monument ayant été classé « monument historique », Viollet-le-Duc en fut chargé. Louis Sauvageot fut nommé inspecteur des travaux, qui devaient durer douze campagnes, mais en exigèrent vingt-neuf. Il fut remplacé en 1871 par M. Lecomte. La même année M. de Baudot était nommé architecte adjoint pour suppléer Viollet-le-Duc.

Les vitraux furent entièrement restaurés par Oudinot de 1871 à 1887. En 1873, M. Zoëgger travailla aux sculptures. Entre 1880 et 1888, les pinacles et clochetons furent remplacés en même temps que les balustrades. Le monument est actuellement en parfait état, mais ne sert plus au culte depuis 1907.

Description archéologique. — Si l'on passe de l'histoire de la Sainte-Chapelle à l'examen du monument, on constate que les renseignements extraits des documents d'archives sont d'accord avec les indications fournies par les pierres. On retrouve en effet sur celles-ci la trace de reprises caractéristiques correspondant d'abord à trois périodes de grands travaux dont les dates sont définies par des styles différents — fin du rayonnant, flamboyant, et flamboyant avancé. — Puis on voit apparaître une quatrième période, nettement marquée, — style Renaissance, — correspondant à l'achèvement de l'édifice. C'est bien la succession d'efforts, que révèlent les vieux textes.

On a souvent dit que l'architecte de la Sainte-Chapelle de Vincennes s'était inspiré de la Sainte-Chapelle de Paris dans ses plans. S'il y a des analogies entre les monuments, elles sont lointaines, et prouvent seulement que les maîtres des œuvres du XIVe siècle étaient les continuateurs de ceux du XIIIe siècle. On peut donc comparer les deux édifices pour faire ressortir leurs dissemblances et non pour montrer leur filiation.

La Sainte-Chapelle de Vincennes est un grand vaisseau, orienté, sans étage, ayant 20^m,50 de hauteur sous clé, 10^m,70 de largeur et 33 mètres de longueur sous œuvre[1].

---

[1] La Sainte-Chapelle de Paris a 20 mètres sous clé pour 12 mètres environ de largeur et 40 mètres de profondeur.

Elle est soutenue par des contreforts en saillie, mais les intervalles entre ceux-ci ne sont pas tous dégagés comme à la Sainte-Chapelle de Paris : les baies de la demi-travée du raccord, entre l'abside et le sanctuaire, sont complètement aveugles : la travée voisine (première du chœur) est bouchée jusqu'à mi-hauteur, enfin une grande tribune intérieure a nécessité un mur plein dans la moitié inférieure de la demi-travée touchant la façade.

L'abside n'est pas plantée de même dans les deux Saintes-Chapelles. A Vincennes, la demi-travée qui raccorde le rond-point avec les côtés parallèles, est couverte par une demi-voûte dont la clé sert de point d'appui aux nervures convergentes de la voûte absidale. Il en résulte que six des huit nerfs de cette voûte sont opposés deux à deux. Par suite de cette disposition, employée à Notre-Dame de Paris, quatre contreforts seulement de la partie tournante sont obliques par rapport aux grands côtés. Dans la chapelle de la Cité on adopta une méthode tout autre, employée aussi à la cathédrale d'Amiens, qui consiste à faire converger les six contreforts de l'abside vers un point situé à peu près à l'aplomb du milieu de la travée du raccord.

Deux petits oratoires, ou sacraires, sont accolés aux flancs de la Sainte-Chapelle de Vincennes, à hauteur de la première travée du chœur. Ces édicules appartiennent sans aucun doute au plan primitif, et ont servi de modèle à l'annexe similaire que Louis XI a fait ajouter à la Sainte-Cha-

Photo Le Deley.

INTÉRIEUR DE LA SAINTE-CHAPELLE

pelle de Paris. A l'oratoire sud de Vincennes, s'accroche une tourelle, contenant un escalier, et terminée par une pyramide, qu'encadre une couronne royale, ce qui a fait dire que c'était une tour noble, emblème d'une collégiale[1]. A l'oratoire nord attient un élégant bâtiment à deux étages appelé le Trésor, parce qu'il contenait autrefois la salle du trésor au premier étage. Au rez-de-chaussée se trouvait la grande sacristie. La Sainte Chapelle de Paris possédait une annexe analogue, qui a été détruite.

L'abside semble avoir été faite la première, et montée d'un jet jusqu'aux archivoltes des fenêtres inclusivement. Au commencement du xve siècle, les oratoires, le trésor jusqu'au premier étage, la façade, jusqu'à l'allège de la grande baie de la rose, étaient terminés. A cette époque, les contreforts de la nef furent poussés jusqu'à l'avant des piédroits intérieurs, et le devant de la tribune jusqu'à la balustrade y compris. Les sacristies, le Trésor, sauf le haut de la tourelle, furent alors achevés, ainsi que les remplages des fenêtres du chœur et peut-être la voûte du rond-point. Suivant certains archéologues, les remplages des fenêtres de la nef, qui sont d'un beau flamboyant primitif, auraient été tracés à la fin de cette seconde période. S'il en était ainsi, il faudrait admettre que leurs pierres moulurées seraient restées sur les chantiers, prêtes à être employées, car elles n'ont certainement été mises en place qu'au siècle suivant.

[1] La Sainte-Chapelle était désignée dans la charte de fondation par les mots : « Capella seu ecclesia Collegiale ».

Pendant la période Renaissance sous le règne de François Ier le mur à bahut qui porte les combles, le grand pignon à partir du niveau des entraits de la charpente, la partie haute des tourelles, les pinacles du pourtour, la pyramide de la tour noble avec sa couronne, ont été faits. Tout l'édifice a été voûté.

Sous Henri II, on acheva les pinacles de l'abside, on posa le comble; enfin l'on aménagea l'intérieur et l'on garnit les fenêtres de verrières.

De ces diverses reprises ont résulté des différences de style, mais celles-ci ne frappent pas, nous l'avons dit. Ce qui est plus critiquable, dans la Sainte-Chapelle de Vincennes, c'est son manque de grandes lignes caractéristiques. Ses détails sont charmants, mais elle n'a pas une silhouette se découpant gracieusement sur le ciel. La grande arête de son toit, n'étant plus interrompue par une flèche [1] comme à la Sainte-Chapelle de Paris, est monotone. Les tourelles de la façade, en ne dépassant pas le pignon, donnent peu de relief à celui-ci. Aussi, l'édifice ressemble-t-il, a-t-on dit non sans raison, « à une bâtisse inachevée ».

En réalité, quand on se rapproche du bâtiment, les légères imperfections disparaissent, l'intérêt commence, le charme de l'exécution captive. Ce qu'on remarque d'abord, ce sont ces grands contreforts, divisés dans leur hauteur par quatre cordons entaillés en forme de larmier. Ces cordons, qui ont un profil analogue à ceux du donjon,

[1] Il existait primitivement une petite flèche qui a été détruite à la fin du XVIIIe siècle.

semblent se suivre sur tout le pourtour de l'édifice. Ils se retournent même sur les annexes, et partagent toutes les surfaces verticales de l'édifice en zones horizontales d'un effet décoratif simple, mais heureux. Au-dessus du quatrième cordon, la face antérieure de chaque contrefort présente une niche terminée par un gable servant d'amortissement au talus du sommet. Ces niches ne paraissent pas avoir jamais contenu de statues.

Le sommet des contreforts est chargé par des pinacles carrés à la base, puis amortis en pointes, grâce à des combinaisons plus ou moins compliquées de frontons et de pyramides. Nous sommes ici en pleine Renaissance comme l'indiquent les F et les salamandres qui sont sculptés sur les côtés de ces motifs architectoniques. Il y a lieu de remarquer que les deux pinacles, qui surmontent les contreforts symétriques à hauteur de la séparation du chœur et de la nef, conservent jusqu'en haut la forme d'un parallélipipède rectangle : ce sont des souches de cheminée. Sur leur côté, l'ornementation rappelle le style perpendiculaire anglais, mais l'analogie est fortuite.

Entre les contreforts s'ouvrent les fenêtres. Celles de la nef sont larges. Leur remplage flamboyant est d'un joli tracé. Leur archivolte est chargée d'un gable comprenant deux rampants garnis de crochets et terminés par un fleuron. Entre ceux-ci, un remplage, aveugle jusqu'à la corniche, s'ajoute à cette hauteur pour laisser apparaître la balustrade, disposition qui n'est pas très heureuse. A la base des rampants, deux petites gargouilles rejettent vers l'extérieur les eaux de la pluie qui, sans cette précaution, séjourneraient dans l'angle du gable et du contrefort. Les fenêtres de l'abside sont à deux lancettes seulement, et de style rayonnant.

Les gables des fenêtres se soudent à une jolie balustrade (xve siècle) qui fait le tour de l'édifice. Chaque contrefort est traversé à la base du pinacle par une conduite d'eau aboutissant à une gargouille.

Façade. — La façade appartient par son allure générale au style flamboyant. Elle est encadrée par deux tourelles dont les deux contreforts, en équerre, sont semblables à ceux du pourtour du monument : mêmes divisions par des cordons, niches avec gables ; mêmes pinacles, mais ceux-ci demi engagés, terminés aussi par un fleuron en forme de fleur de lis à quatre sépales ouverts, entourant un gros bouton constitué par quatre pétales réunis. Elle est divisée en trois étages, chacun d'eux en retrait sur le précédent.

Premier étage. — Le premier étage comprend la porte. Celle-ci s'ouvre entre deux panneaux dont elle est séparée par deux petits contreforts ébrasés ou pilastres, surmontés d'un pinacle élancé se terminant par une pyramide aiguë. Les panneaux sont partagés dans le sens de la hauteur en trois zones :

plinthe, soubassement terminé par une corniche avec larmier et partie ornementale.

La plinthe est formée par un banc de pierre qui commence au contrefort de la tourelle et termine en se retournant dans l'ébrasement de la porte. Actuellement, l'extrémité de ces bancs est surélevée du côté de la tourelle, leur siège se trouvant à 1^m,50 au-dessus du sol. Cela tient à ce que la forme du perron est moderne. Il existait primitivement une terrasse tenant toute la largeur du bâtiment, et avançant de 5 à 6 mètres. On y accédait par un escalier droit, qui faisait sur la façade une saillie dont l'absence est regrettable.

Au-dessus du soubassement commence l'ornementation : arcature avec niches vides de statues, chacune des niches surmontée d'un gable aveugle, très allongé, orné de remplages d'un dessin froid dans l'intérieur et de crochets sur les rampants, et terminé par un fleuron.

La grande porte a perdu tout son caractère par la disparition de son tympan à bas-relief et de son trumeau. Dans ce remaniement, opéré au xviiie siècle, on n'a heureusement pas touché à l'archivolte surmontée d'un gable ajouré, à pointe fleuronnée. La voussure se compose de quatre rangs de moulures ornées de fines sculptures (feuillages sur lesquels rampent des escargots, des limaces, etc.). De chaque côté des montants une niche, vide de statue, se termine en haut par un dais, en bas par un piédestal, dais et piédestal couverts de minuscules arcatures avec trèfles et quatrefeuilles d'un joli travail. Au-dessus de ces grandes niches s'en

Façade de la Sainte-Chapelle
Dans le fond à gauche « Le Trésor ».

étagent de plus petites, chacune contenant un personnage sculpté. Ces sujets convergent vers le sommet de l'archivolte, où est représentée la Sainte Trinité avec le symbolisme adopté au xvie siècle, ce qui semble indiquer que ces sculptures ont été faites sous François Ier.

Deuxième étage. — Le deuxième étage comprend la rose avec son tracé compliqué, de style flamboyant, encadrée dans une archivolte moulurée, tracée en quinte point, surmontée d'un grand gable. Le remplage de ce gable se compose de trois roses qui portent l'empreinte du style rayonnant et du style flamboyant; ses membrures sont profilées de manière que le boudin seul soit éclairé. Il en résulte qu'on ne voit pas que les redents sont ornés de feuilles et de fruits sculptés avec une finesse remarquable, les détails disparaissant dans l'ombre. Les rampants sont ornés de crochets d'un beau dessin, et terminés par un fleuron.

Troisième étage. — Le grand gable, après avoir pénétré la corniche et coupé la balustrade fleurdelisée qui ourle la base du troisième étage, cache en partie le pignon, sur lequel il avance d'environ un mètre; le pignon très aigu a une belle allure. Il tire tout son effet de la division de son mur par des moulures verticales, espacées régulièrement, entre lesquelles des arcatures cintrées forment deux chevrons horizontaux. Il est limité par deux rampants décorés de grands crochets. Les fleurons qui le terminent rappellent les fleurons du xve siècle des pyramides des tourelles.

Intérieur. — Lorsqu'on entre dans la Sainte-Chapelle de Vincennes, on trouve son vaisseau plus nu et plus vide que celui de la Sainte-Chapelle de Paris : cela tient, abstraction faite de la peinture, à ce que les colonnes qui supportent les voûtes ne descendent pas jusqu'au niveau du sol, et laissent voir un soubassement de pierre qui devait être couvert autrefois de tapisseries ; plus vide parce que sa largeur est peut-être trop grande par rapport à sa hauteur.

Au niveau du bas des fenêtres, règne tout autour de l'édifice un bandeau à feuillages du xive siècle, sur lequel font saillie de beaux culs-de-lampe à personnages multiples : caricatures de membres du clergé, ou portraits de seigneurs, de princes sous la figure de diables, d'apôtres, de prophètes, d'archanges, constituant une iconographie difficile à déchiffrer, mais qui paraît se rapporter à l'histoire de saint Martin.

Les grandes voûtes, faites sous François Ier, ont toutes les caractéristiques des voûtes du xve siècle. Il ne pouvait en être autrement, car, à l'époque de leur achèvement, le constructeur trouvant en place les éléments architectoniques correspondant à chacun des arcs fut obligé de plier sa construction à leur demande. La naissance des doubleaux et des ogives sont à la même hauteur. Le faisceau de colonnes qui les supportent, ainsi que les formerets, s'arrêtent au niveau du bas des fenêtres, amortis par un soubassement reposant sur leur glacis. La mouluration de ce soubassement offre un profil du xivᵉ siècle analogue à celui des tours, des bases des colonnes des

Cul-de-lampe de la nef

fenêtres du donjon, et des portes d'entrée du château. Les boudins des colonnes et des arcs sont ornés d'un filet. Les premiers sont entaillés à leur base, pour former une niche, vide actuellement de statue, et même privée d'un dais dont la trace seule subsiste.

Les croisées d'ogives ont des clés de voûte très simples, constituées par un plateau circulaire saillant, sur lequel Carmoy a peint les croissants de

Diane de Poitiers, les chiffres de Henri II et de Catherine de Médicis. Quelques ornements, assez maigres d'ailleurs, encadrent le motif principal, en se prolongeant sur les voûtes.

Porte de la grande sacristie

Chœur. — Le chœur ne se distingue de la nef que par une surélévation d'une marche, et une balustrade en marbre (moderne). Les boiseries datent de Louis-Philippe ainsi que le carrelage en marbre blanc et noir qui a conservé toutefois quelques dalles anciennes (fleur de lis sur fond scre). Sur le maître-autel, très simple, se trouve une Vierge attribuée au ciseau de la princesse Louise d'Orléans (?).

Sur le mur, du côté de l'Évangile, un grand tableau de M. Beauquesne rappelle la translation de l'ordre de Saint-Michel.

Vitraux. — Les vitraux constituent la principale curiosité de cette partie de l'édifice. On les a longtemps attribués à Jean Cousin. Il est reconnu maintenant qu'on se trouve en présence d'une œuvre de l'École française du xvie siècle, œuvre d'ailleurs si profondément modifiée par les effets combinés du temps et des restaurations, que la recherche des maîtres, qui l'ont produite, est rendue presque impossible.

L'unité de composition est toute moderne. Au xviiie siècle certains sujets, déjà fort abîmés, étaient dans la nef. Lenoir affirme que le François Ier, qui est actuellement dans la fenêtre du milieu du chœur, se trouvait dans cette partie de la chapelle. Poncet de la Grave y a vu également « dans la grande fenêtre de gauche au milieu » le *Jugement dernier*, placé actuellement dans la fenêtre au-dessus du mur de l'oratoire nord. Un ouragan, en 1788, avait détruit la rose et fait subir d'importants dommages aux verrières du côté septentrional. La Révolution survint : les mutilations continuèrent. Lenoir essaya de sauver les épaves : il démonta les panneaux, puis choisit deux sujets qui lui parurent les plus intéressants : *L'amertume des Eaux* et *Les anges exterminateurs*. Il les exposa au musée des Grands-Augustins après une restauration faite avec des morceaux pris de côté et d'autres.

Les anges vendangeant et moissonnant. Vitrail

A la dispersion du musée des Monuments français, les tableaux reconstitués furent de nouveau démontés et remis dans des caisses. Ils restèrent ainsi jusqu'en 1816. La chapelle fut alors rendue au culte. L'architecte Gauthier, chargé des travaux d'appropriation, réclama les débris de verres entassés pêle-mêle, et les fit replacer par Jean Weiss, maître-verrier patenté qu'il chargea de « peindre ce qui manquait » (1820). Grâce à cette restauration grossière, ce qui subsistait de l'œuvre primitive fut préservé d'une destruction complète pendant cinquante ans. Mais, en 1870, l'explosion d'une cartoucherie fut la cause de nouvelles ruines ; tous les sujets, qui se trouvaient dans la partie inférieure de la dernière fenêtre du chœur, furent anéantis ; ceux des autres fenêtres de l'abside souffrirent dans de moins grandes proportions, mais furent très endommagés. Il fallut aviser. Oudinot, dont la réputation comme maître-verrier était connu, obtint l'adjudication des travaux de restauration. En réalité, il dut se livrer à une véritable reconstitution. Il s'en tira avec une très grande habileté, mais la part de son invention est si considérable qu'on peut dire qu'il est maintenant le principal auteur des célèbres verrières, ce qui est tout à son honneur.

Les sujets se présentent dans l'ordre suivant en partant de la demi-fenêtre au-dessus de l'oratoire sud-est et en marchant de droite à gauche :

Fenêtre au-dessus de l'oratoire sud. — *Les anges vendangeant et moissonnant.*

Première fenêtre. — En haut : *Les anges mar-*

quant au front les serviteurs de Dieu. — Au-dessous : *Les sept trompettes données aux sept anges.* — Dans le soubassement une *Vierge* et un *saint François*.

Deuxième fenêtre. — En haut : *L'incendie des arbres et des plantes.* — En bas : *La mer changée en sang.* — Dans le soubassement, trophées et écussons aux armes de France supportés par deux anges.

Troisième fenêtre. — En haut : *Les Saulteraux.* — En bas : *Les anges exterminateurs.* — Dans le soubassement : *François Ier*.

Quatrième fenêtre. — En haut : *L'amertume des Eaux.* — En bas : *L'obscurcissement des astres.* — Dans le soubassement, trophées et écussons aux armes de France.

Cinquième fenêtre. — En haut : *La venue de l'ange à saint Jean.* — En bas : *La vision des deux témoins.* — Dans le soubassement : *Sainte Anne et un roi Mage*.

Fenêtre au-dessus de l'oratoire nord. — *L'âme des Saints criant vers Dieu.* La femme nue située dans le bas à gauche passe pour être le portrait de Diane de Poitiers.

Oratoires. — Les deux oratoires sud et nord servaient autrefois de tribune à ceux qui désiraient entendre la messe sans être vus des assistants. Ils se composent de deux travées couvertes par des voûtes barlongues à quatre compartiments. Le tombeau du duc d'Enghien se trouve dans l'oratoire nord. Les statues sont de Deseine.

Le Trésor, dans lequel on entre par une jolie porte (xive siècle), contient au rez-de-chaussée la grande sacristie, au premier étage la salle du trésor proprement dit.

Grande sacristie. — La grande sacristie constitue une petite chapelle avec rond-point. Les murs de son soubassement sont nus ; ils devaient être recouverts de boiseries ou de tapisseries. Les arcs des voûtes retombent sur des consoles ornées de jolies figures de moines ou de vieillards. Les chapiteaux de tous leurs éléments ont leur naissance au même niveau, ce qui a nécessité l'allongement des branches d'ogives de l'abside. L'analogie de construction avec le donjon est caractéristique.

Trésor. — Cette pièce, de proportions élancées, très claire, est encore voûtée suivant le même dispositif que la Sainte-Chapelle, mais, contrairement aux règles suivies dans le grand vaisseau, d'abord, les supports descendent jusqu'au sol en traversant l'entablement de la corniche du soubassement, ce qui donne au mur un aspect moins nu ; puis, les chapiteaux d'un même faisceau de colonnes ne sont pas au même niveau.

Aux deux étages, reliés par un escalier à vis, les voûtes sont décorées de motifs peints : banderoles, carquois, flèches, croissants, emblèmes de

Photo Heuzé.
Tombeau du duc d'Enghien
État actuel.

Diane de Poitiers se mariant aux chiffres de Henri II,

étrange amalgame en pareil lieu. Les clés de voûtes sont également peintes. Ces ornements, comme ceux de la Sainte-Chapelle, sont attribués, à Carmoy.

CHATEAU DE LOUIS XIV

De tout ce château, il ne reste actuellement que les deux gros pavillons, le pavillon du Roi qui sert de caserne à un bataillon de chasseurs à pied, et le pavillon de la Reine, qui contient les bureaux du général commandant l'artillerie, l'École d'artillerie, et la chefferie du génie. A l'intérieur de ces bâtiments il n'y a plus que de rares vestiges de l'ancienne décoration. On ne voit dans le pavillon du Roi qu'un plafond mutilé de Philippe de Champaigne (ancienne chambre de la reine).

Le pavillon de la Reine a été un peu plus épargné : l'ancien escalier d'honneur subsiste ; la salle des gardes de Mazarin et de la Reine-mère a conservé un plafond de Michel Dorigny, avec son encadrement en bois doré, sa frise de Baptiste et de Philippe de Champaigne. Cette salle a été restaurée pour le duc de Montpensier : on y a rapporté à cette époque trois toiles de Vien et une de Lagrenée, qui sont d'agréables peintures du xviiie siècle. On trouve également l'ancien plafond de la chambre à coucher de Monsieur, par Michel Dorigny (Cabinet du directeur de l'École d'artillerie) et, comme autre curiosité, une salle décorée avec des armes (ancien salon du général, refait au commencement du second Empire).

Le pavillon de la Reine
Façade ouest.

Conclusion. — Une notice ne peut donner que des aperçus d'ensemble; celle-ci suffit cependant à montrer tout l'intérêt du château. Montalembert, dans un discours célèbre, demandait, en 1843, à la chambre des Pairs, de préserver du *vandalisme* ce joyau d'architecture. Sa motion ne rencontra qu'enthousiastes approbations. Soixante-sept ans après, M. Ch. Deloncle, trouvant la question presque au même point, a réclamé, en séance de la Chambre des députés, la désaffectation du donjon (10 février 1910). Il n'a pas été moins applaudi que son illustre devancier. Puisse sa proposition avoir plus de succès... pratique! En tous cas, nul doute qu'elle n'ait le plus chaud appui de tous les amis des arts, de tous ceux qui ont le culte de nos grands souvenirs nationaux.

Photo Le Deley.
LE CHATELET DU DONJON. TOUR DE L'ESCALIER ROYAL

Photo Heuzé.
CUL-DE-LAMPE DANS LA NEF DE LA SAINTE-CHAPELLE.

BIBLIOGRAPHIE [1]

A. D. B. (DE BEAUCHAMP). — *Histoire du donjon et du château de Vincennes*, 3 volumes, in-8°, Paris 1815.

ALBOIZE et AUGUSTE MAQUET. — *Le donjon de Vincennes, depuis sa fondation jusqu'à nos jours*, 2 volumes in-4° formant les t. VII et VIII de l'*Histoire de la Bastille*, Paris 1844.

ANONYME. — *Vincennes*, 1 vol. in-8°, imprimé à Rouen, 1847.

ÉMILE DE LA BEDOLLIÈRE et ILDEFONSE ROUSSET. — *Le Bois de Vincennes*, 1 volume in-4°. Librairie internationale Lacroix, Werbœckhoven et Cie, 1866.

---

[1] Je n'indique dans cette bibliographie que les ouvrages consacrés spécialement à Vincennes. Pour les autres auteurs, l'iconographie, les sources d'archives, consulter les annexes et les notes de mes deux volumes : *Le Château historique de Vincennes*.

M. Dubois. — *En haut du donjon*, causerie familière sur le château, in-4°, Paris 1889.

Capitaine de Fossa. — *Le château historique de Vincennes*, 2 volumes, petit in-4°, Paris, Daragon, 1907-1909.

Abbé de Laval. — *Esquisse historique sur le château de Vincennes*, de Soye et fils, imp., Paris, 1890.

M. E. Lemarchand. — *Etude sur Vincennes*, Plaquette imprimée à Vincennes par M. Gillot, 1888.

M. E. Lemarchand. — *Le château de Vincennes de ses origines à nos jours*, 1 volume grand in-8°, Paris, Daragon, 1907.

Poncet de la Grave. — *Mémoires intéressans pour servir à l'histoire de France*, ou tableau historique, chronologique, pittoresque, ecclésiastique, civil et militaire des maisons royales, châteaux et parcs des rois de France. — *Vincennes et ses dépendances*, 2 volumes, in-12, Nyon, Paris, 1807.

M. J. de Varaville. — *Histoire du château de Vincennes, des origines à nos jours*. Librairie d'éducation nationale, Paris, 1890, in-7°.

Photo Le Deley.

LE DONJON ET LE CHATELET
Vue prise de la Sainte-Chapelle.

TABLE DES GRAVURES

Plan de Le Vau sur lequel ont été indiquées les transformations successives du château. . . . . Hors texte.
Plan actuel du vieux fort. . . . . Titre.
Le donjon et le pavillon du Roi. Vue actuelle prise au sud-ouest 7
Le château en 1370. Gravure extraite d'Androuet du Cerceau « Les plus excellents bâtiments de France » . 9
Entrée du château du côté du polygone. 11
Elévation du donjon. Vue prise au sud-est 17
Le donjon vers 1450. Reproduction d'une miniature de Jean Foucquet « Livre d'heures d'Etienne Chevalier ». . . . 19

Etat actuel de la salle des gardes de la reine-mère. Pavillon de la Reine 27
Le fossé sud du château et le tombeau du duc d'Enghien en 1819. D'après un dessin lithographié de F.-A. Pernot. 35
Le château vers 1610. D'après la gravure d'Israël Silvestre. 40
Le château en 1666. D'après la gravure de Brissart . . . 51
Le château vers 1799. D'après une lithographie du temps. 53
La tour de la Reine. Vue prise de l'angle sud-est. 55
Tour principale. Façade nord 57
Porte de communication. Tour des Salves, façade est. . . 62
Le donjon, angle nord-ouest. 65
Spécimen des marques de tâcherons 67
La cour du château. Vue prise du haut du pavillon de la Reine 71
Plan du donjon au rez-de-chaussée 73
Salle royale, premier étage du donjon. 75
Chapiteaux du pilier de la salle royale 76
Coupe du donjon. 77
Cheminée de la grande salle du troisième étage du donjon 79
Sainte-Chapelle. Vue prise au sud. 83
Intérieur de la Sainte-Chapelle 87
Façade de la Sainte-Chapelle. Dans le fond à gauche « le Trésor ». 93
Cul-de-lampe de la nef 96
Porte de la grande sacristie 97
Les Anges vendangeant et moissonnant (vitrail) 99
Tombeau du duc d'Enghien 103
Le pavillon de la Reine. Façade ouest. 105
Le châtelet du donjon. Tour de l'escalier royal . . . 106
Cul-de-lampe dans la nef de la Sainte-Chapelle. . . . 107
Le donjon et le châtelet. Vue prise de la Sainte-Chapelle . 109
Pyramide du polygone élevée en commémoration du reboisement du grand parc en 1735. 112

TABLE DES MATIÈRES

Avant-propos.	7
I. — **Histoire sommaire**	11
II. — **Transformations successives du château**	40
Hospitium de Louis le Jeune.	41
Manoir de Philippe-Auguste.	41
Remaniements de saint Louis	41
Château de Philippe VI et de Charles V.	42
Château Louis XI.	49
Château Louis XIII.	50
Château Louis XIV.	50
Arsenal 1808.	52
Fort 1840	54
III. — **Bâtiments anciens subsistant**	55
CHATEAU DE CHARLES V	55
Enceinte. Tours	56
Tour principale.	56
Tours diverses.	61
Donjon	63
Enceinte.	64
Châtelet.	70
Description du donjon	73
Premier étage.	74
Deuxième étage	78
Troisième étage.	80
Quatrième étage	80
Cinquième étage	80
Plate-forme.	81

TABLE DES MATIÈRES

Sainte-Chapelle	81
Histoire sommaire	81
Description archéologique	85
Façade	91
Intérieur	95
Chœur	97
Vitraux	98
Oratoires	102
Grande sacristie	102
Trésor	102
Château de Louis XIV	104
Bibliographie	107
Table des gravures	109

Photo Le Deley.

PYRAMIDE DU POLYGONE
Élevée en commémoration du reboisement du grand parc en 1731.

ÉVREUX, IMPRIMERIE CH. HÉRISSEY, PAUL HÉRISSEY, SUCC^r

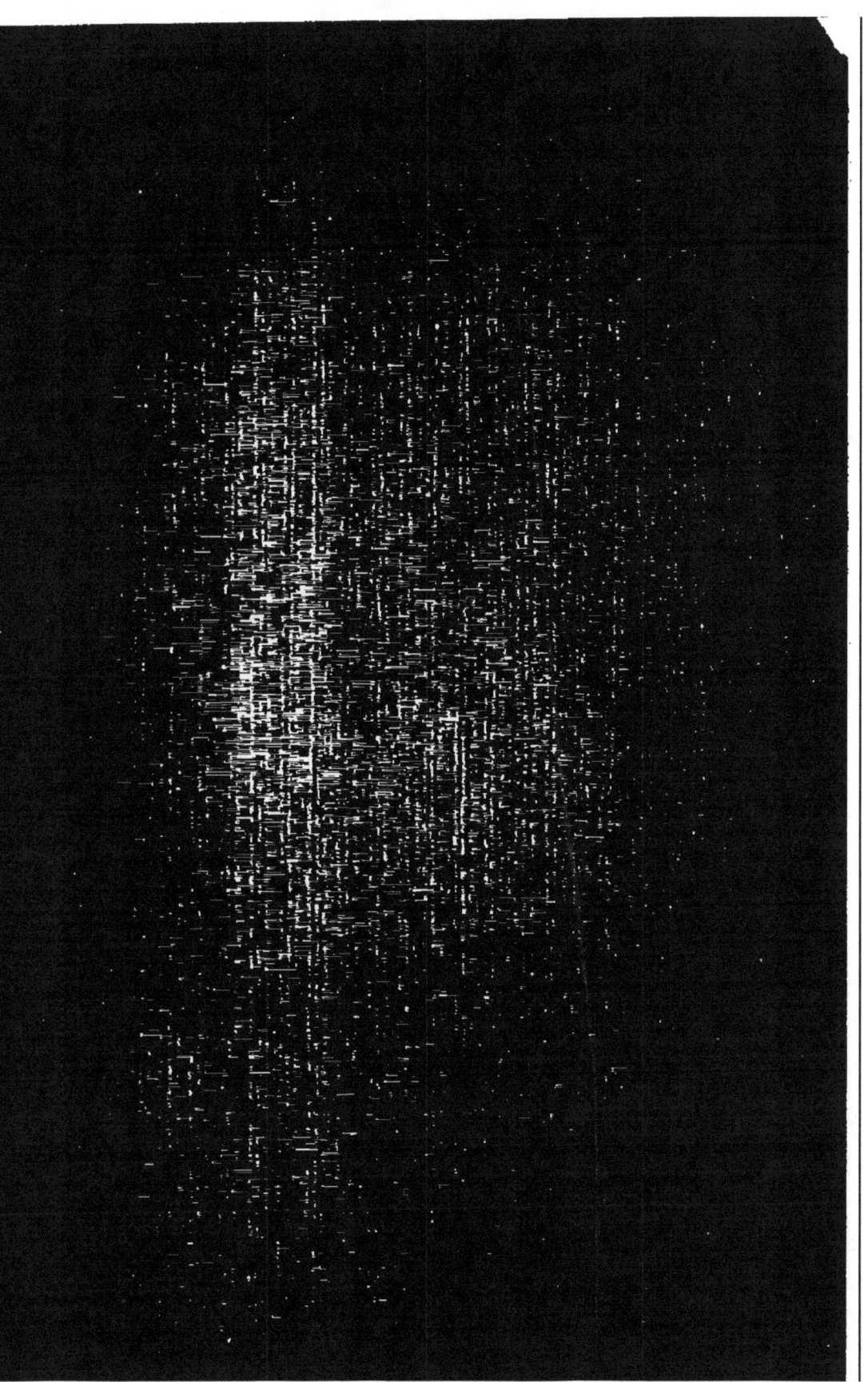

www.ingramcontent.com/pod-product-compliance
Lightning Source LLC
Chambersburg PA
CBHW070513100426
42743CB00010B/1821